rowohlts monographien
begründet von Kurt Kusenberg
herausgegeben
von Wolfgang Müller und Uwe Naumann

Fritz Lang

**mit Selbstzeugnissen
und Bilddokumenten
dargestellt von
Michael Töteberg**

Rowohlt

Dieser Band wurde eigens für «rowohlts monographien» geschrieben
Den Anhang besorgte der Autor
Herausgeber: Beate Kusenberg und Klaus Schröter
Assistenz: Erika Ahlers
Umschlaggestaltung: Werner Rebhuhn
Vorderseite: Fritz Lang um 1928 (Aus: «The Films of Fritz Lang»
by Frederick W. Ott. Secaucus, N. J. 1979)
Rückseite: Peter Lorre in «M», 1931

Veröffentlicht im Rowohlt Taschenbuch Verlag GmbH,
Reinbek bei Hamburg, März 1985
Copyright © 1985 by Rowohlt Taschenbuch Verlag GmbH,
Reinbek bei Hamburg
Alle Rechte an dieser Ausgabe vorbehalten
Satz Times (Linotron 202)
Gesamtherstellung Clausen & Bosse, Leck
Printed in Germany
ISBN 3 499 50339 5

4. Auflage August 2000

Inhalt

Kindheit und Jugend 7
Kolportage- und Abenteuerfilme 15
Begegnung mit Thea von Harbou 25
Dr. Mabuse, der Spieler – ein Bild der Zeit 35
«Die Nibelungen» 42
Utopische Märchen 53
Mörder unter uns 67
Sozialkritik und Schicksalsdrama 81
Schwierige Zusammenarbeit:
Brecht und Lang in Hollywood 96
Film noir 107
Die letzten Jahre 122

Anmerkungen 132
Zeittafel 139
Zeugnisse 141
Filmographie 144
Bibliographie 149
Namenregister 157
Über den Autor 160
Quellennachweis der Abbildungen 160

Fritz Lang, um 1953

Kindheit und Jugend

Ich habe nie ein Interview über mein Privatleben gegeben, erklärte Fritz Lang kurz vor seinem Tod einem Journalisten.[1]* Persönliches wollte er nicht preisgeben; er zog sich auf anekdotische Geschichten zurück oder verwies auf die Filme, aus denen ein Psychoanalytiker alles über den Urheber erfahren könne. Lang hat lediglich eine sechsseitige Autobiographie verfaßt, die mit den spärlichen Interview-Auskünften zu ergänzen ist. Man erfährt darin weder ein persönliches Wort über seine Eltern noch über seine Frau Thea von Harbou, die als Drehbuchautorin der wichtigsten deutschen Filme Langs sein Werk entscheidend mitgeprägt hat. Als die Filmhistorikerin Lotte Eisner, mit dem Regisseur eng befreundet, ein biographisches Kapitel für ihre Lang-Monographie plante, drohte dieser ultimativ, sofort jede Mitarbeit einzustellen – das Kapitel wurde nicht geschrieben. Konfrontiert mit Artikeln oder öffentlichen Stellungnahmen aus den zwanziger Jahren pflegte Lang die Aussagen ironisch zu kommentieren: Das Formulieren von Pressetexten habe er immer Thea von Harbou überlassen. Und auch die Fülle von Interviews, vor allem aus den letzten Lebensjahren, erweist sich als wenig ergiebig. Der stereotype Gesprächsverlauf war ihm bewußt: *Interviews sind ermüdend, weil es immer dasselbe ist. Nein, nicht die Fragen. Es sind meine Antworten.*[2] Lang versteckte sich hinter ironischen Bemerkungen. Darf man hier ein lebensgeschichtliches Manko vermuten? *Das Kino ist mein Leben*, gab Lang zu Protokoll. *Wann immer ich zu wählen hatte zwischen meinem Privatleben und einem Film, wählte ich den Film.*[3]

Fritz Lang wurde am 5. Dezember 1890 in Wien geboren. Der Vater Anton Lang war Stadtbaumeister, die österreichische Bezeichnung für selbständige Bauunternehmer. 1885 wurde er in die Innung aufgenommen; die Firma «A. Lang & Cie, Bauunternehmung und Baumaterialienhandlung» bestand bis 1926. 1883 heiratete Anton Lang die in Brünn, der Hauptstadt Mährens, geborene Paula Schlesinger. Friedrich Christian Anton Lang, so Fritz Langs vollständiger Name, blieb ihr einziges Kind.

Die Mutter, von jüdischer Abstammung, war konvertiert; Fritz Lang wurde römisch-katholisch getauft und erzogen. Bis zum Jahre 1900 wohnte die Familie im I. Wiener Distrikt und zog dann in die Josefstadt, in die Nähe der Piaristenkirche, auch dies keine schlechte Adresse. *Ich*

---

* Die hochgestellten Ziffern verweisen auf die Anmerkungen S. 132f.

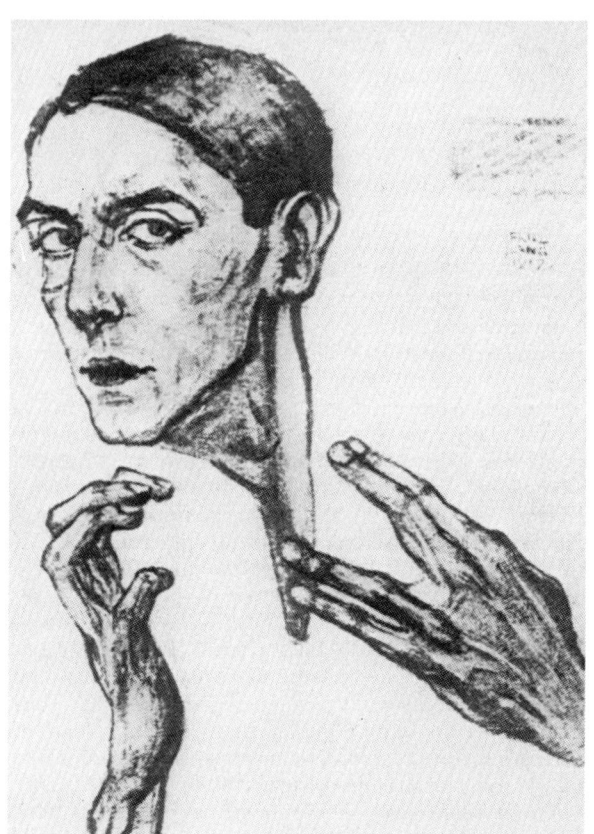

Selbstporträt, 1917

entstamme einer durchaus bürgerlichen Familie.[4] Zu Langs Kindheitserinnerungen gehört der Christkindlmarkt. *Es gab dort wunderschöne Sachen zu kaufen: lustigen Weihnachtsbaumschmuck, Glaskugeln und Sterne und Girlanden aus silbernem Flitterwerk, rotwangige Äpfel, goldene Orangen und Datteln, phantastisches Spielzeug, Schaukelpferde, Kasperle-Puppen und Zinnsoldaten, Spielzeug-Theater.*[5] Die Faszination des Budenzaubers, gewiß kein außergewöhnlicher Kindheitseindruck, hat Spuren hinterlassen. Ernst Bloch erkannte im Jahrmarkt, wo «geheimes Mittelalter» wie «orientalische Farbe», der Reiz der Exotik, gleichermaßen zur Wirkung kommen, ein «Abbild der Kolportage»[6]. Dies sind Stichworte, die bei der Betrachtung von Abenteuerphantasien und Traumwelten in Langs Filmen wieder aufzunehmen sind.

Fritz Lang beschrieb sich selbst als schüchternes Kind. *Ich hatte es schwer, neue Freunde zu finden, war immer so etwas wie ein Einzelgänger.*[7]

Zeichnen und Malen war damals meine Lieblingsbeschäftigung, und mein ganzes Streben ging dahin, Kunstmaler zu werden, sehr gegen den Willen meines Vaters, der mich für das akademische Studium bestimmte.[8] Nach seinem Willen sollte der Sohn Architekt werden. Lang besuchte denn auch für kurze Zeit die Technische Hochschule, beschäftigte sich dort aber mehr mit der Malerei als mit dem Studium. Seine Vorbilder hießen Gustav Klimt und Egon Schiele. Seit Gründung der Secession 1898 war Wien eine Hauptstadt der Moderne. Das Lebensgefühl des Fin de Siècle, das Leichtsinn, Raffinement und Décadence verband, die dekorative Ornamentik des Jugendstils sowie die entblößende Expressivität Schieles zogen den Jugendlichen in ihren Bann. Lang blieb zeit seines Lebens *ein großer Verehrer* der Kunst Schieles[9], die Erotik und Todessehnsucht Ausdruck gab; ein 1917 entstandenes Selbstporträt Fritz Langs kopiert unverkennbar Schieles Stil.

Der Student, achtzehn Jahre alt, suchte Anschluß an das Leben der Bohème. In Nachtlokalen trat er als Conférencier auf – *es gab Ärger, als mein Vater erfuhr, daß ich bereits in zwei Wiener Kabaretts, «Femina» und «Hölle», gearbeitet hatte*[10]. «Femina» in der Johannesgasse, bei dessen dekorativer Ausgestaltung Klimt mitwirkte, und «Hölle», unterirdisch im Theater an der Wien angesiedelt, brachten Revue-Programme. Heftig verurteilte Anton Lang den unmoralischen Lebenswandel seines Sohnes. Befangen im bürgerlichen Sicherheitsdenken, lehnte er ohne jedes Verständnis alle Künstlerträume ab; autoritär bestimmte er, sein Sohn werde Architekt oder Ingenieur. Fritz Lang beugte sich nicht dem väterlichen Willen. Mit 40 Kronen in der Tasche brannte er durch. In späteren Jahren kommentierte er, jeder anständige junge Mensch müsse so handeln und begriff die Auseinandersetzung als typischen Generationskonflikt: Die Menschen der heutigen Zeit nehmen viel mehr auf als frühere Generationen, *unser Leben verläuft viel schneller als das Leben unserer Eltern*[11].

Sein Ziel war Brüssel, aber er machte unterwegs in Nürnberg, München und Frankfurt halt, um die dortigen Kunstmuseen aufzusuchen. Mit Gelegenheitsarbeiten schlug er sich durch, verkaufte eigene Bilder, malte Postkarten und Karikaturen. *Ältere Kunstmäcene pflegten Kapital zu investieren, wenn man auf die Tischplatte des Café-Hauses ... nicht sehr feine, aber dafür um so deutlichere Zeichnungen entwarf.*[12] Lang liebte es, von diesen Jahren des Wanderlebens Geschichten zu erzählen und sie abenteuerlich auszuschmücken; so will er als Kunstschütze im Zirkus aufgetreten sein und unwissentlich einem Kunstfälscher zugearbeitet haben.

Eine ausgedehnte Reise schloß sich an. *Deutschland, Belgien, Holland, Mittelmeerländer und die afrikanischen Küstengebiete waren meine Stationen*, heißt es in einem autobiographischen Text von 1928.[13] Späteren Versionen zufolge kam Lang auch nach Rußland, Japan und China, kurz: ... *durch die halbe Welt, von Nordafrika, Türkei, Kleinasien und sogar bis Bali.*[14] Von der Reise brachte er den Grundstock seiner Überseesammlung mit, Objekte primitiver Kunst und okkulte Masken.

Der Vater gab nun endlich seine Einwilligung zum Kunststudium, und das planlose Vagabundenleben fand ein Ende. Lediglich für kurze Zeit war Lang an der Münchner Kunstgewerbeschule in der Klasse von Professor Julius Diez unterrichtet worden. In Paris folgte *eine Periode intensiven künstlerischen Schaffens*[15]. Er mietete sich ein Studio auf dem Montmartre, besuchte die Maler-Schule von Maurice Denis und ging abends in die Akademie Julien, um das Aktzeichnen zu studieren. Schon damals ein begeisterter Kino-Gänger, war er fasziniert vom neuen Medium Film, den *Bildern in Bewegung. 1909 in Brügge mein erstes entscheidendes Zusammentreffen mit dem Film. In der Einsamkeit dieser Stadt haftete ein Filmbild in mir. Das läßt mich nicht wieder los. Ich ahne neue Möglichkeiten. Wieder in Paris, bin ich schon ganz im Banne des Films.*[16] Mit großem Vergnügen sah er Abenteuerfilme, die trivialen Mustern folgten, *das übliche Zeug: großer Krimineller wird eine Art Robin Hood*[17]. Lang erinnerte sich, damals «Rocambole» von Georges Denola sowie Filmkomödien mit dem französischen Schauspieler Max Linder gesehen zu haben. Wahrscheinlich sah er auch Filme von Louis Feuillade: 1913/14 lief in den Pariser Kinos die populäre Serie um den ebenso genialen wie dämonischen Verbrecher Fantomas, gegen den die Polizei machtlos ist.

Der Erste Weltkrieg überraschte Lang in Paris. Erst mit dem letzten Zug verließ er Frankreich. An der belgischen Grenze inhaftiert, konnte er in der Nacht fliehen; die Flucht war, so eine spätere Erkenntnis, keine heroische Tat: *Wahrscheinlich war man froh, uns loszuwerden.*[18] Kurz vor den ersten Feindseligkeiten, am 5. August 1914, erreichte er Wien und meldete sich, angesteckt vom grassierenden Patriotismus, sofort als Einjährig-Freiwilliger zum Militärdienst. Lang kämpfte in einer Artillerie-Batterie in Rußland, Galizien, Rumänien und Italien, er wurde dreimal verwundet und mehrfach ausgezeichnet. Die von den Vorgesetzten geschriebenen Belohnungsanträge künden vom tapferen, todesmutigen Einsatz des jungen Offiziers: «Fähnrich i. d. R., Kriegsfreiwilliger, Friedrich Lang, Diensteseinteilung Aufkläreroffizier, tapferes Verhalten vor dem Feind: Begab sich am 27. März 1916 allein 600 × vor die eigenen Feldwachen und kehrte, obwohl aus unmittelbarer Nähe von russischen Feldwachen lebhaft beschossen, mit einer Skizze zurück, durch die es seiner Batt. möglich wurde, bisher gänzlich unbekannte Teile der russischen Stellung unter wirksames Feuer zu nehmen und dadurch ein sehr unangenehmes Maschinengewehr außer Gefecht zu setzen. Wiederholt nahmen auch die Inf. Kmdten. Gelegenheit, ihm ihre Anerkennung für sein erfolgreiches Wirken auszusprechen.»[19]

Doch die im Österreichischen Kriegsarchiv liegenden Militärakten vermitteln einen falschen Eindruck: Die Kriegsbegeisterung verflog rasch, und Lang nutzte 1916 die Rekonvaleszenzzeit nach einer Verwundung, in Wien seine künstlerischen Versuche fortzusetzen.

In dieser Zeit entstanden die ersten Filmmanuskripte, fand er ersten Kontakt zu Filmleuten. Joe May wartete in Wien auf die Entscheidung, ob er als Unteroffizier einrücken mußte oder, als kriegswichtiger Regisseur freigestellt, nach Berlin zurückkehren konnte. Der gebürtige Wiener war, nachdem er sich zunächst als Textilkaufmann, Autovertreter und Operettenregisseur versucht hatte, einer der kommerziell erfolgreichsten

Max Linder

Produzenten des deutschen Stummfilms. Er wußte den Zeitgeschmack zu bedienen: Aus Frankreich und Amerika übernahm er die Idee der «Serials», die Sensationslust des Publikums befriedigte er mit aufwendigen Monumental- und Ausstattungsfilmen und erfand außerdem «May's Preisrätsel im Film». Der Produzent war meist auch sein eigener Regisseur und beschäftigte in den Hauptrollen vorzugsweise seine Frau Mia. Überdies schrieb Joe May häufig sich selbst die Drehbücher. Langs Manuskripte beeindruckten ihn und er kaufte die Rechte. 1917 produzierte die May-Film GmbH, Berlin, zwei Stoffe von Fritz Lang.

Zwei Jahre zuvor hatte May die erfolgreiche Detektivfilm-Serie «Joe Deebs» gestartet. Die 11. Folge hieß: *Die Hochzeit im Exzentrikklub*, Autor: Fritz Lang. Hinter dem Neugier weckenden Titel verbirgt sich eine Kriminalgeschichte, die von Edgar Wallace stammen könnte: Willyam van Hoop, Präsident des Exzentrikklubs, hatte einst eine mysteriöse Geliebte, die ihm ein Mädchen gebar und dann spurlos verschwand. Zwanzig Jahre später. Das Testament des verstorbenen van Hoop bestimmt, sein Neffe erbe das gesamte Vermögen, wenn er die Tochter binnen sechs Monaten finde und sie heirate. Joe Deebs übernimmt den Fall, entlarvt eine Schwindlerin und spürt rechtzeitig die gesuchte Tochter auf.[20] Langs Beitrag zur Serie zeichnete sich nicht durch besondere Originalität aus.

Melodramatische Effekte bestimmen die Handlungsführung von *Hilde Warren und der Tod*. Mia May spielt eine gefeierte Hoftheater-Schauspielerin, die sich in den jungen Hector Roger verliebt. Ihr Glück ist nicht von Dauer, denn Roger, ein gesuchter Verbrecher, wird von der Polizei erschossen. Der Sohn, den Hilde Warren zur Welt bringt, ist das Kind eines Mörders. Die Jahre vergehen, der Sohn wächst heran, und auch er wird zum Mörder. Er flieht zur Mutter, die den Revolver nimmt und ihren eigenen Sohn erschießt. Auch für *Hilde Warren und der Tod* griff Lang auf das Kolportage-Repertoire zurück: tragische Leidenschaften, nicht erwiderte Liebe, unerbittliches Schicksal. Aber schon in diesem frühen Film wird ein Motiv entwickelt, das manche seiner Filme prägt: die Todessehnsucht, die süße Verlockung, den Kampf ums Leben vorzeitig aufzugeben. Der Tod, eine hagere Gestalt mit schwarzem Umhang und weiß geschminktem Gesicht, tritt auf und bietet sich als barmherziger Erlöser an, doch erst am Schluß ist Hilde Warrens Lebenswille gebrochen: «Das Gefängnis läßt ihr noch einmal den Tod erscheinen, den sie herbeisehnt und dessen Umarmung sie sich nun nicht mehr entziehen will.»[21] Dieses Motiv stellt die erste Verarbeitung eines Kindheitserlebnisses *auf der Grenze zwischen Knabe und Jüngling* dar: Während einer schweren Erkrankung fühlte Lang die *Todesnähe mit einer Art von müder Schärfe* und sah im Fiebertraum eine Gestalt aus Licht und Schatten, der er aus innerem Zwang folgen mußte. Empfunden habe er *Grauen, aber frei von Panik. Und selbst das Grauen löste sich auf in eine Art von mystischer Verzückung ... Die aus Grauen und Zuneigung gemischte Liebe zum Tode, wie ihn die Gotiker gestaltet haben, ist mir treu geblieben.*[22]

Im September 1917 wurde *Die Hochzeit im Exzentrikklub* auch in Wien gezeigt. Lang, stolz auf seinen ersten Film, lud sämtliche Freunde zum Kinobesuch ein – *und erhielt den ersten Schock in diesem Beruf, der mein Leben werden sollte*: Im Titelvorspann wurde Fritz Lang nicht genannt, sondern Joe May fungierte als Regisseur und Autor. Nicht allein die Unterdrückung seines Urheberanteils verärgerte Lang. *Mir mißfiel die Inszenierung, und ich hatte mir den Film anders vorgestellt. Ich glaube, damals habe ich mich unbewußt entschlossen, Regisseur zu werden.*[23] Lang erzählte oft, er habe immer nur von schlechten Filmen, an Hand von Negativbeispielen, gelernt. *Die Hochzeit im Exzentrikklub* ist diesen Filmen zuzurechnen.

Fritz Lang, nach seiner Genesung wieder ins Feld gerückt, wurde zum zweitenmal verwundet und mußte erneut zwei Monate im Hospital verbringen. Die Ärzte diagnostizierten eine Herzerweiterung und Gelenkrheumatismus; im Juni 1918 wurde er als untauglich für den Frontdienst eingestuft und der Reserve zugeteilt. Im Café wurde er für eine vom Roten Kreuz veranstaltete Aufführung des patriotischen Schauspiels «Der Hias» engagiert. In vielen Interviews berichtete er ausführlich, wie er mit List und Verhandlungsgeschick das Honorar auf eine Höhe trieb, die ein Vielfaches des kargen Leutnantssolds betrug, und wie ihm, der für eine

Joe May

Nebenfigur vorgesehen war, wegen seiner unverkennbaren Dialektfärbung die Hauptrolle übertragen werden mußte. Was Lang verschwieg ist den Militärakten zu entnehmen: Er hatte auch «die Spielleitung des feldgrauen Spiels ‹Der Hias›»[24]. Es wird ihm peinlich gewesen sein, daß sein Debüt als Regisseur im Rahmen der Truppenbetreuung stattfand.

Der Filmproduzent Erich Pommer besuchte eine der Vorstellungen; das anschließende Gespräch wurde zum Ausgangspunkt einer jahrelangen und äußerst produktiven Zusammenarbeit. Der Mann, der Lang nach Berlin holte, hatte als europäischer Generalvertreter für die französischen Firmen Gaumont und Eclair gearbeitet; im Krieg war er zum Bufa (Bild- und Filmamt) abkommandiert worden, wo er von Bukarest aus den Filmvertrieb im Balkan organisieren sollte. Noch während des Kriegs gründete er die Decla (Deutsche Eclair), um unmittelbar nach Kriegsende die Produktion aufnehmen zu können. Pommer bot Lang einen Dramaturgen-Vertrag an.

Die folgenreiche Begegnung fand im August 1918 statt, einen Monat später verließ Lang Wien. Die Trennung von seiner Heimatstadt dürfte ihm nicht schwergefallen sein; seit der Flucht aus dem Elternhaus 1908 hatte er keine wirklichen Bindungen mehr an diese Stadt.[25] Zwar stand er formell noch in Diensten der österreichisch-ungarischen Armee, aber nachdem diese Schwierigkeiten durch die Entlassung aus dem Heeresdienst überwunden waren, strebte er sofort die deutsche Staatsbürgerschaft an. Lediglich einmal in seinem Leben hat Lang einen spezifisch wienerischen Filmstoff (*Die Legende vom letzten Wiener Fiaker*) erwogen – bezeichnenderweise 1933, als er Deutschland verlassen mußte und den Weg ins Exil antrat.

Erich Pommer, um 1920

Kolportage- und Abenteuerfilme

Die deutsche Filmindustrie erlebte in diesen Jahren einen außerordentlichen Aufschwung. Eingeleitet wurde die wirtschaftliche Blütezeit durch den Krieg, der die einheimischen Produzenten von ausländischer Konkurrenz befreite; nach Kriegsende bewirkte die Inflation, daß Importfilme kaum auf den deutschen Markt kamen. Die Expansion der Branche zog Spekulanten an, fast täglich wurden neue Filmgesellschaften gegründet. Ihre Zahl stieg von 28 im Vorkriegsjahr 1913 auf 245 im Jahre 1919 an.[26] Das neue Medium Film, seine noch unerprobten Ausdrucksformen forderten künstlerische Experimente heraus, und die Inflation ermöglichte es, diese ohne großes Risiko zu finanzieren. Doch die Masse der Kinoware bestand aus Sensationsfilmen, billigen Lustspielen sowie – die Zensur war aufgehoben worden – sogenannten Sittenfilmen. 1922 wurden in Deutschland 474 Spielfilme hergestellt, ein nie wieder erreichtes Produktionsvolumen. Zur gleichen Zeit befand Bertolt Brecht: «Die Konkurrenz der Filme unter sich gleicht dem Wettrennen von Droschkengäulen, wobei das Hauptaugenmerk auf Purpurschabracken und die Bemalung der Gäule gerichtet wird.»[27]

Erich Pommers Produktionsfirma Decla, gestützt von holländischen Banken, gehörte zu den wenigen finanzstarken Gesellschaften. Im Berliner Vorort Weißensee ließ er ein kleines Studio bauen und richtete ein Büro in der Friedrichstraße ein. Hier arbeitete Lang als Lektor, der über die Annahme der eingehenden Manuskripte zu entscheiden hatte; daneben schrieb er selbst in rascher Folge Drehbücher und übernahm, ein Mittel zur Gehaltsaufbesserung, kleinere Rollen. Lang, der in seinem Leben so manche harte Auseinandersetzung mit Produzenten durchzustehen hatte, verstand sich ausgezeichnet mit Pommer, dessen *einsichtsvolle Sachverständigkeit* ihn beeindruckte.[28] Pommer wurde sein Lehrmeister. *Er sagte mir: «Fritz, du willst eine Geschichte mit der Kamera erzählen. Deshalb mußt du die Kamera kennen und wissen, was man mit der Kamera tun kann.»*[29] Lang befolgte diesen Rat und nutzte jede Gelegenheit, sich im Atelier mit der Filmtechnik vertraut zu machen.

Neun Filme, zu denen er das Drehbuch verfaßte, erlebten 1919 ihre Kinopremiere. In fünf oder sechs Tagen schrieb er ein Filmmanuskript, und ähnlich kurz waren die damaligen Produktionszeiten. Diese Stummfilme sind nicht mehr (oder nur noch in rudimentärer Form) erhalten.

Doch den Zeitungskritiken und den Mitteilungen der Branchenorgane lassen sich Sujets und Genres entnehmen: *Wolkenbau und Flimmerstern* wird als Filmschwank charakterisiert, *Bettler GmbH* als «eine Groteske von Witz und Geist».[30] Der Millionär Bobby steht plötzlich mittellos da, versucht sich erfolgreich als Bettler und baut eine Organisation seiner neuen Berufskollegen auf. In *Die Rache ist mein!* rächt der Sohn eines Börsenkönigs seinen durch einen Konkurrenten zum Konkurs und Selbstmord getriebenen Vater, doch am Ende stehen Versöhnung und Verlobung.[31] Die Inhaltsangaben lassen den Schluß zu, daß diese Filme lediglich gewöhnliche Unterhaltungsware darstellen. Dagegen sind in *Lilith und Ly* – das Filmskript entstand wahrscheinlich noch in Wien und wurde dort realisiert – Handlungselemente späterer Werke erkennbar. Frank Landov arbeitet an einer geheimnisvollen Erfindung, dem Fernsehspiegel; aus Indien hat er eine Pergamentrolle mitgebracht, auf der die

Formel, Leben zu erschaffen, verzeichnet ist. Doch Lilith, eine von ihm zum Leben erweckte Frauenstatue, verwandelt sich in einen Vampir – im Fernsehspiegel sieht Landov, wie sie einen Freund ermordet. Während er, von Fieberträumen gequält, im Bett liegt, erscheint ihm Lilith in Gestalt seiner Freundin Ly. Erregt zerstört Landov Fernsehspiegel und Statue und befreit sich so von der Macht übersinnlicher Kräfte.[32]

Unheimliche Erfindungen, das Doppelgänger-Motiv (Lilith/Ly), Vampirismus, künstliche Menschen, die sich in Monster verwandeln: keinesfalls originäre Motive, sondern allgemeiner Fundus der Filmphantasien jener Jahre. Paul Wegeners «Golem»-Erfolg zeitigte Nachwirkungen. Der Regisseur Otto Rippert drehte 1916 den sechsteiligen Fortsetzungsfilm «Homunculus», die Geschichte eines Retortenmenschen, der zum haßerfüllten Diktator wird und einen Weltkrieg zu entfesseln sucht. Für Rippert, ebenfalls von Pommer engagiert, schrieb Lang drei Drehbücher. In *Totentanz, einem Nocturno in fünf Akten*, spielte Werner Krauß einen dämonischen Krüppel, in dessen Händen eine verführerisch schöne Frau zum Zerstörung und Tod bringenden Werkzeug wird. Im Mittelpunkt von *Die Frau mit den Orchideen* steht ebenfalls eine Femme fatale. Das Thema mit all seinen Reizen wird noch einmal in einem Monumentalfilm ausgebreitet: *Pest in Florenz*. In den *sieben der Renaissance nacherzählten Kapiteln* (Untertitel) erlebt der Zuschauer, wie die Kurtisane Julia in Florenz Einzug hält. Cesare, Herrscher der Stadt, verfällt ihr ebenso wie sein Sohn Lorenzo. Florenz wird zur Stätte der zügellosen Leidenschaft, des Lasters; der Kardinal erwirkt beim Rat der Alten, Julia als Ketzerin der Folter auszuliefern. Ein Absatz aus einer zeitgenössischen Besprechung mag vermitteln, mit wie grellen Effekten die Filmhandlung vorangetrieben wird: «Mitten aus einer ihrer märchenhaften Feste wird Julia von Bewaffneten geholt. Aber während ihr göttlicher Marmorleib auf der Folter zuckt, ruft Lorenzo das Volk zusammen. In wilder Wut stürmt die Menge den Palast der Alten. Lorenzo eilt allen voran. Sein Vater stellt sich ihm entgegen. Krachend saust die Axt des Sohnes auf das greise Haupt.»[33] Selbst der Mönch Franziskus gerät in den Bann der Kurtisane und lästert Gott. Da erscheinen auf der Wand Flammenzeichen, ein Menetekel. Franziskus spürt die Pest in sich und ahnt: Er ist dazu ausersehen, die Geißel Gottes in die dem Laster verfallene Stadt zu tragen. Worauf der Film, ein «starker Publikumserfolg»[34], spekuliert, ist unschwer zu erkennen: Sexuelle Freizügigkeit, vom Bürger herbeigesehnt und zugleich gefürchtet, wird, legitimiert durch das historische Kostüm, vorgeführt, ohne das herrschende Moralsystem zu verlassen. Sexuelle Wünsche und Triebphantasien werden mobilisiert, zugleich den Schuldgefühlen Tribut gezollt: Die Pest, Akt der Bestrafung, verwandelt dieses Sodom und Gomorra in eine Stätte des Grauens. – In der Presse wurde besonders hervorgehoben: die prächtige Ausstattung, die buntbewegten Festszenen und prunkvollen Prozessionen, die visionären Bilder vom Wüten der Pest und die Massenszenen. Ein aufwendiger Historienfilm, mit dem die Decla den Ufa-Erfolg «Madame Dubarry» von Ernst Lubitsch zu überbieten versuchte. Und ein Stück Kinoillusion: Da man nicht am Originalschauplatz Florenz drehen konnte, ließ man die Piazza della Signoria von Filmarchitekten auf dem Studiogelände nachbauen.

Pest in Florenz schildert eine morbide Welt des Verfalls. Film ist ein Massenmedium und deshalb Reflex gesellschaftlicher Strukturen; Kinoerfolge verraten etwas über das soziale Klima einer Zeit. Die politische Situation nach der November-Revolution charakterisierte Lang 1967 in einer Vorlesung wie folgt: *Nach der Niederlage im 1. Weltkrieg und nach der obligatorischen, aber ohnmächtigen, weil lediglich von Emotionen getragenen sozialen Umwälzung, gefolgt von der genauso obligatorischen, aber weit erfolgreicheren Konterrevolution der reaktionären Kräfte, die kaltblütig geplant und durchgeführt wurde, begann in Deutschland eine Zeit der Unruhe und Verwirrung, eine Zeit der Hysterie, Verzweiflung und des hemmungslosen Lasters, den Exzessen eines inflationsgeschüttelten Landes.*[35] Pestgeruch, Totentanz: Kaum verdeckt von modischer Historienmalerei und phantastischer Symbolik spiegeln Langs Filmentwürfe die düsteren Stimmungen jener Zeit wider, ohne daß sich der Autor dessen bewußt war. Politisches Engagement lag ihm fern, dem Film galt seine ganze Leidenschaft. Schon nach vier, fünf Monaten hatte er erreicht, daß Pommer ihm eine Regie übertrug. *Als in Berlin der Spartacus-Aufstand begann, drehte ich meinen ersten Film «Halbblut». Am ersten Drehtag wurde mein Auto auf dem Weg zum Studio andauernd von bewaffneten Aufständischen angehalten, aber es hätte mehr als einer Revolution bedurft, mich aufzuhalten, meinen ersten Film zu inszenieren.*[36]

In den Kritiken wird *Halbblut* unter «Sittendrama» rubriziert. Wieder ist man angewiesen auf zeitgenössische Inhaltsangaben, die für heutige Leser unfreiwillig komisch klingen: «Edward Scott hat Juanita, die er in einer Opiumkneipe kennenlernte, geheiratet. Sein Freund Axel van der Straaten machte ihm deshalb Vorwürfe und sagte ihm, Halbblut macht man zur Geliebten, aber man heiratet es nicht! Juanita, die dies hörte, beschloß, sich zu rächen. Sie trieb ihren Mann durch Opium zum Irrsinn, während sie Axel durch ihre raffinierten Liebeskünste ruinierte.»[37] Der Drehbuchautor Lang ist Eklektiker und Kompilator, der sich seine Stoffe und Milieus aus vielerlei Quellen holt. Doch nicht dem sozialen Problem, gar der Rassenideologie galt sein Interesse; unter dem Trivialschutt zeichnen sich Langs gesamtes Filmschaffen bestimmende Motivkomplexe ab: weibliche Rache, die Frau als destruktive Macht. Die Femme fatale war in den zwanziger Jahren der zum Klischee erstarrte Ausdruck von Männerängsten vor Emanzipationsbestrebungen, doch bei Lang kehrt dieses Motiv in allen Stilperioden wieder, in *Kriemhilds Rache* (1924) ebenso wie in *Woman in the Window* und *Scarlet Street* (1944 bzw. 1945). Lang, der dem Filmhistoriker die Rolle des Psychoanalytikers zuweist, verweigerte jedoch jede Aufhellung der persönlichen Hintergründe, jenes biographische Material, ohne das solche auffälligen Themenfixierungen, Obsessionen gleich, nicht entschlüsselbar sind. In der Autobiographie gibt es einen Hinweis: *Ich war frühreif und hatte schon sehr früh Frauenaffären.*[38] Aber kaum etwas, nicht einmal der Name, ist bekannt von seiner ersten Frau, die 1919 oder 1920 freiwillig aus dem Leben schied. Ohne gesichertes

Fritz Lang Anfang der zwanziger Jahre

biographisches Wissen muß jede Interpretation in Spekulation münden.

Schon seine nächste Regiearbeit *Der Herr der Liebe*, erneut ein Melodram mit Eifersucht und Rache, wurde in der Fachpresse ausdrücklich gelobt: «Die Regie hat sich alle Mühe gegeben, in den Gang der Handlung Bilder einzuweben, die in Lichtspielerzeugnissen nicht täglich zu sehen sind.»[39] Nachdem Lang derart seine Qualitäten als Regisseur bewiesen hatte, vertraute ihm Pommer ein mit weit größeren finanziellen Mitteln ausgestattetes Projekt an: den vierteiligen Abenteuerzyklus *Die*

Spinnen. Der erste Teil *Der goldene See* hatte Anfang Oktober 1919 in Berlin Premiere. Die Besprechung im Branchenorgan «Der Kinematograph» offenbart, wie man mit massivem Kapitaleinsatz den deutschen und internationalen Filmmarkt zu erobern versuchte: «Die Decla-Filmgesellschaft, die vor kurzem mit einem Riesenkapital neu fundiert wurde, beweist mit diesem Film, daß sie nicht nur an Kapitalkraft, sondern auch an Leistungsfähigkeit in die erste Reihe der großen Filmgesellschaften einrückt und daß die deutsche Filmindustrie, wie das auch bereits andere Neuerscheinungen der allerletzten Zeit klar bewiesen haben, auf dem Wege ist, Werke zu schaffen, die auch das Ausland interessieren werden ... Mit ihrem Abenteuerzyklus hat die Decla-Gesellschaft einen geschickten Griff getan. Sie beabsichtigt mit dieser Serie mit der amerikanischen Filmindustrie, die besonders den Wild-West-Film pflegte, in Konkurrenz zu treten, und nach der ersten Probe zu urteilen, ist ihr das auch mit Erfolg gelungen.»[40] Die *Abenteuer des Kay Hoog in bekannten und unbekannten Welten* (Untertitel) gehören einem Unterhaltungsgenre an, das vom exotischen Reiz und von kalkulierten Spannungseffekten lebt. Die massenhafte Verbreitung exotischer Filme und Romane in Deutschland deutet auf ein soziales Phänomen, eine besondere Ausprägung von Eskapismus und Realitätsflucht nach der Niederlage im Ersten Weltkrieg. Pommer verfolgte zweifellos eine wohlbedachte Marktstrategie, und rechtzeitig zur Kinopremiere brachte der Buch-Film-Verlag – schon damals gab es die multimediale Auswertung eines Stoffes – *Der goldene See* als Roman heraus. Die Fachzeitschrift «Der Film» begrüßte Langs Abenteuerzyklus als notwendige Innovation für den Filmmarkt, «nachdem der erotische Film seine Anziehungskraft so ziemlich verloren hat und der Detektivfilm auf dem Sterbebett liegt»[41]. In dieser Kritik wird auch das literarische Vorbild benannt: «Rückkehr zu Karl May und zum guten alten Lederstrumpf, den wir alle einmal als Jungen mit Entzücken verschlungen haben.»

Das Kolportage-Schema mit der säuberlichen Scheidung von Gut und Böse, von Held und Schurke bestimmt den Film. Kay Hoog, durchtrainierter Sportsmann wie weltmännischer Dandy, wird im Roman als Supermann vorgestellt: *Auf dem Sattel war er ebenso zu Hause wie am Volant des Rennautos, das Racket führte er mit derselben Meisterschaft wie den Fechtdegen. Und wenn er auch körperlich gleichwertige Gegner vor sich hatte, seiner Energie und Geistesgegenwart war sobald keiner gewachsen.*[42] Bei einer Motorbootregatta in San Francisco verzichtet Kay Hoog auf den sicheren Sieg, als er eine Flaschenpost im Wasser sichtet. Sie enthält eine Planskizze zu einem Inka-Schatz aus der Zeit Montezumas. Bevor aber Hoog sich auf den Weg nach Mexiko begeben kann, wird er überfallen und der Plan gestohlen; die «Spinnen», eine verbrecherische Geheimorganisation, will ebenfalls in den Besitz des sagenumwobenen Schatzes gelangen. Eine abenteuerliche Verfolgungsjagd beginnt, wobei weder Indianerkämpfe, eine tollkühne Ballonfahrt noch eine Liebesromanze mit der Inka-Prinzessin fehlen. Oberhaupt der Spinnen ist Lio Sha, eine *faszinierend schöne, sinnlich berückende Frau*: wiederum eine Femme fatale,

Lil Dagover und Niels Prien in «Harakiri»

die allerdings Kay Hoog nicht gefährlich werden kann. Dem Geheimbund stehen *die raffiniertesten Hilfsmittel moderner Technik* zur Verfügung, und das Treffen im unterirdischen Kellergewölbe einer leerstehenden Villa erinnert eher an eine *Sitzung von Direktoren einer Großbank ... als an eine Zusammenkunft des gefährlichsten Geheimbundes von San Franzisko.* Tatsächlich wird wie in einer Aufsichtsratssitzung ein Sonderfond für das Unternehmen bewilligt. Lio Sha, die für die Spinnen-Gesellschafter unsichtbar bleibt, beobachtet über einen *komplizierten, telephonischen und teleoptischen Apparat* das Geschehen im Sitzungssaal. Noch ganz im Trivialbereich angesiedelt, sind hier schon die tausend Augen des Dr. Mabuse und seiner Organisation vorweggenommen.

Der goldene See erzählt eine Geschichte – was in der Branchenkritik ausdrücklich positiv vermerkt wurde – ohne jede literarische Ambition: «Der erste deutsche Film mit Fortsetzungen, der mit voller Absichtlichkeit nach dem Muster des Kolportage-Romans den Zuschauer in ungeduldiger Erwartung auf die nächste Fortsetzung zurückläßt und auf diese

Fortsetzung mit allen Mitteln hinweist.»[43] Nicht Stoffe der Weltliteratur, sondern banale Illustriertenromane sind adäquate Drehbuchvorlagen für Lang, und diese Beobachtung gilt nicht allein für seine frühen Filme. Zehn Jahre später formulierte ein Kritiker sarkastisch: «Die Fritz Lang-Filme sind Parvenus: zu Geld gekommene Hintertreppenromane.»[44] Man muß jedoch ergänzen: zu Filmkunst gewordene Trivialgeschichten. «Lang hat nicht nur keine Angst vor Kolportage, vor stereotypisierten Figuren, vorm Genre: auf ihnen baut er sein Kino auf. Von vornherein weist er darauf hin, daß Kino, im Unterschied zur körperlichen, physischen Präsenz des Theaters, nur mit Effekten arbeitet, mit Bildern, mit Serienabzügen.»[45] Wie Lang vorgeformte Versatzstücke durch Stilisierung hebt, mit inszenatorischer Phantasie und sicherem Gefühl für Architektur und Dekor Bildwirkungen bewußt komponiert, läßt sich schon an einem naiven Sensationsfilm wie *Der goldene See* beobachten.

Eine unbedeutende Gelegenheitsarbeit, *Harakiri*, schloß sich an; Lil Dagover, die Lang als *geborene Salondame* schätzte[46] und die in *Der goldene See* eine Sonnenpriesterin darstellte, spielte die Hauptrolle in der fernöstlichen Liebestragödie frei nach «Madame Butterfly». Aufschlußreicher ist ein Filmprojekt, an dem Lang nur indirekt beteiligt war. Erich Pommer zeigte seinem Dramaturgen ein Drehbuch von Hans Janowitz und Carl Mayer: «Das Cabinett des Dr. Caligari». Titelheld ist ein wahnsinniger Naturwissenschaftler; auf dem Jahrmarkt in einer Kleinstadt demonstriert er seine Macht über einen Somnambulen. Eine Serie unerklärlicher Morde ereignet sich, die auf den Doktor und seinen Helfer weisen. Die Handlung erinnert an die damals beliebten Schauergeschichten, der Stil jedoch war neu und experimentell: «Das Cabinett des Dr. Caligari» wurde zum einflußreichen Meisterwerk des expressionistischen Films, und die lang anhaltende Nachwirkung ließ das Schlagwort «Caligarismus» aufkommen. Alfred Kubin war ursprünglich für die Ausstattung vorgesehen, dann verpflichtete man Hermann Warm, Walter Röhrig und Walter Reimann, Mitglieder der Berliner Künstlergruppe «Der Sturm». Ihre Arbeit prägte den eigenwilligen Stil des Films, gab ihm seine bizarre Form: Die gemalte, antinaturalistisch konzipierte Dekoration mit verzerrten Perspektiven und irritierenden Schatten setzte Raumorientierungen und traditionelle Sehgewohnheiten außer Kraft; selbst Titel und Zwischentitel waren einbezogen, die Buchstaben tanzten. Die schiefen Ebenen und gebrochenen Linien, das Spiel mit wirklichen und aufgemalten Schatten, schließlich die stilisierte Gestik des Caligari-Darstellers Werner Krauß machten «Das Cabinett des Dr. Caligari» zu einem filmgeschichtlich bedeutsamen Werk, mit dem die Ausdrucksmöglichkeiten des Mediums wesentlich erweitert wurden.

Erich Pommers Entscheidung, den Film zu produzieren, wurde nicht allein vom Reiz des künstlerischen Experiments bestimmt, sondern auch von pragmatisch-finanziellen Überlegungen: Die expressionistische Ausstattung war äußerst kostengünstig; weit teurer wäre es geworden, Dekorationen im Studio aufzubauen. Sein Dramaturg fügte dem Drehbuch – gegen den Widerstand der Autoren – eine Rahmenhandlung hinzu: Die

Dekoration aus dem Film «Das Cabinett des Dr. Caligari»

Caligari-Geschichte erweist sich als Zwangsvorstellung eines Patienten einer Irrenanstalt, deren Direktor Dr. Caligari heißt. Damit wurden die Absichten der Autoren ins Gegenteil verkehrt: Das expressionistische Lebensgefühl, die verstörende Erfahrung von Unruhe und Chaos als innere Realität der Zeit, verwandelte sich in die Angstvision eines kranken Hirns. Lang, wegen dieses Eingriffs in das Drehbuch oft kritisiert, rechtfertigte sich später: *Der Grund zu diesem Vorschlag war nicht eine Abänderung irgendwelcher Ideen des Films, sondern um das Publikum nicht mit der völlig neuen künstlerischen Auffassung vor den Kopf zu stoßen und um dem Zuschauer von vornherein die Möglichkeit zu geben, durch den Ge-*

gensatz der ersten «normalen» Szene zu den unmittelbar darauf folgenden zu begreifen, daß der expressionistische Stil die verzerrte Welt der Irren darstellte.[47] Hinter dieser Argumentation wird, über den konkreten Anlaß hinaus, eine Haltung sichtbar: Die Frage, was vom Publikum akzeptiert wird, war immer ein Kriterium für Lang, der keine esoterischen Kunstwerke schaffen wollte: *Ich möchte betonen, daß ich nicht zu den Menschen gehöre, die den Kulturwert eines Films nach seiner Abkehr vom Publikumsgeschmack bemessen,* schreibt er 1924.[48] Langs dramaturgischer Eingriff zeigt auch, daß er zwar expressionistische Stilelemente aufnimmt, aber sie lediglich funktional einsetzt. «Der Expressionismus wird zur angewandten Kunst», heißt es in einer zeitgenössischen Publikation zum Thema «Expressionismus und Film»[49], und dieser Satz kennzeichnet genau die «Caligari»-Konzeption. Der Expressionismus versuchte, in visionären Bildern die gärende Unruhe und den revolutionären Protest zu fassen; diese Weltsicht hat Lang, der nie das Grauen des Krieges gestaltet hat, nicht geteilt. So betrachtet ist er kein Expressionist, obwohl er dessen Stilelemente übernahm, wo es ihm vom Stoff her legitim erschien.

Fritz Lang, zunächst für die Regie von «Das Cabinett des Dr. Caligari» vorgesehen, mußte die Inszenierung Robert Wiene, einem zweitklassigen Regisseur, überlassen. Produzent Pommer und die Verleihfirma bestanden darauf, daß er den zweiten Teil des Abenteuerzyklus *Die Spinnen* fertigstellte: *Das Brillantenschiff.* Die Jagd nach einem Buddha-Kopf, der seinem Besitzer die Herrschaft über Asien verheißt, führt über die Dächer von London, auf die Falkland-Inseln und in die unterirdische Chinesenstadt von San Francisco. Lang setzt eine Überfülle von Spannungsmomenten, den Verästelungen und Schleifen des Handlungsgeflechts ist kaum zu folgen. Geheimgänge, Falltüren, Opiumhöhlen, von Tigern bewachte Korridore, die in die Unterwelt führen: Der Zuschauer wird in einen kunstvoll gebauten Irrgarten geführt. Das Mabuse-Motiv – ein Verbrecher greift nach der Weltherrschaft – klingt an.

Das Brillantenschiff füllte allenfalls die Kinokassen, «Das Cabinett des Dr. Caligari» dagegen, auch international beachtet, wurde als richtungweisend von der Kritik erkannt. Lang mußte zu dem Schluß kommen, daß die Decla ihm keine Möglichkeit bot, sich weiterzuentwickeln. Als im Frühjahr 1920 sein Vertrag auslief, wechselte er die Produktionsfirma und ließ sich wieder von Joe May anwerben. Die beiden letzten Teile der Abenteuerserie *Die Spinnen* wurden, obwohl die Drehbücher *Das Geheimnis der Sphinx* und *Um Asiens Kaiserkrone* schon geschrieben waren, nicht mehr produziert.

Begegnung mit Thea von Harbou

Für Pommer fand Lang immer rühmende Worte, während sein Verhältnis zu Joe May unterkühlt-sachlich blieb. Mia May berichtet, ihr Mann habe Langs Intelligenz anerkannt und ihn als Künstler akzeptiert, nie aber persönlichen Zugang zu ihm gefunden.[50] Als Regisseur arbeitete Lang nur ein knappes Jahr bei der May-Film GmbH, doch dieses Zwischenspiel sollte für ihn von Bedeutung werden: Er lernte dort Thea von Harbou kennen, die von Joe May als Drehbuchautorin beschäftigt wurde. Eine außergewöhnliche künstlerische Symbiose nahm ihren Anfang; fortan entstanden alle Lang-Filme bis 1933 in enger Kooperation mit Thea von Harbou. Obwohl sie auch zahlreiche Drehbücher für andere Regisseure, darunter Friedrich Wilhelm Murnau und Carl Theodor Dreyer, schrieb, wurde sie allgemein als Langs ideale Mitarbeiterin angesehen. Ihr Einfluß ist schwer abzuschätzen, die Anteile an den gemeinsam erdachten Filmen sind kaum auseinander zu dividieren. Die Arbeitsbeziehung führte zum Standesamt: Im August 1922 wurde geheiratet. Die äußerst produktive Zusammenarbeit wurde von beiden auch in der Öffentlichkeit demonstrativ betont. In dem von Hermann Treuner herausgegebenen Band «Filmkünstler. Wir über uns selbst» bekannte Lang: *Auf diesem Wege habe ich in Thea von Harbou einen unschätzbaren Mitarbeiter und Kameraden gefunden, der mit tiefem Verständnis für mein Wollen mir die Manuskripte schafft, die die Grundlage meiner Arbeit bilden.*[51] Die Auskunft Thea von Harbous war knapp und resolut: «Ich bin die Frau von Fritz Lang – mehr brauche ich Ihnen hoffentlich nicht zu sagen.»

Thea von Harbou, 1888 in Tauperlitz bei Hof/Saale geboren, hatte schon als Schülerin Tiergeschichten für Provinzzeitungen geschrieben und strebte zur Bühne. 1906 debütierte die junge Schauspielerin am Düsseldorfer Theater, es folgten Engagements in Weimar, Chemnitz und Aachen.[52] Ab 1913 veröffentlichte sie Märchen, Legenden und schwülstige Romane, die hohe Auflagen erreichten. Mit ihrem Mann, dem Schauspieler Rudolf Klein-Rogge, zog sie 1917 nach Berlin; nach der Trennung lebte sie als vielbeschäftigte Schriftstellerin, die durch Illustriertenromane beim breiten Lesepublikum bekannt wurde.

Das Paar Thea von Harbou–Fritz Lang wurde oft belächelt, mit Spott bedacht. Doch das Bild vom naiven Hausmütterchen, das beim Stricken sich sentimentale Geschichten zurechtfabulierte[53], bedarf der Korrektur. Ehrgeiz, Selbstbewußtsein und Durchsetzungsvermögen charakterisieren Thea von Harbou. Während Lang sich in den zwanziger Jahren aller politischen Stellungnahmen enthielt, auch in filmpolitischen Fragen Zurückhaltung übte[54], war Thea von Harbou eine engagierte Frau, die in öffentlichen Veranstaltungen und Vorträgen zu den Themen der Zeit das Wort ergriff. Sie artikulierte vehement die Meinung der schweigenden Mehrheit, und reaktionär-nationalistische Tendenzen sind dabei unverkennbar. In ihrem Pamphlet «Die deutsche Frau im Weltkrieg», 1916 erschienen, wird gegen «die fürchterliche Krankheit der Ausländerei» zu Felde gezogen und «völkisches Bewußtsein» propagiert, das «Ansehen des Deutschtums» gegen die «jämmerlichen Elemente entarteten deutschen Blutes» verteidigt.[55] Der unverhüllte Chauvinismus mündet in Kriegsverherrlichung; schon in dem (ein Jahr vor Kriegsausbruch veröffentlichen) Novellenband «Der Krieg und die Frauen» wird «das Riesenhafte, das Gigantische des Kriegsgedankens – das Schicksalgewaltige, das

Thea von Harbou zur Zeit ihrer Theaterlaufbahn

Das Ehepaar in seiner Berliner Wohnung, um 1924

Völker und Reiche zermalmt und erschafft», gefeiert.[56] Der Krieg wird geradezu herbeigesehnt – im Hintergrund steht auch die Hoffnung, daß der Krieg sozial integrativ wirken, die Kluft zwischen Besitzenden und Armen verringert werden kann: «Vielleicht ist dieser Krieg berufen, mehr Unterschiede auszugleichen, mehr Abgründe zu überbrücken, als es dem Frieden jemals beschieden sein kann.» Mit solchen Gedanken, von renommierten Verlagen in ca. 100 000 Exemplaren verbreitet, stand Thea von Harbou nicht allein; die Kriegsbegeisterung, die das deutsche Volk ergriffen hatte, war allgemein. Festzuhalten bleibt jedoch eine symptomatische Parallelität: Die zentrale Firma der deutschen Filmwirtschaft in der Weimarer Republik, die Ufa, war als «verspätetes Kriegskind» eine Gründung des Propagandaministeriums; die wichtigste Drehbuchautorin, der von der Ufa ein Ehrenplatz im Kapitel des künstlerischen Films zugestanden wurde[57], begründete ihre Schriftstellerkarriere mit nationalistischen Propagandaparolen.

Die Drehbücher, die sie 1920 für Joe May verfaßte, heißen «Die Legende der heiligen Simplicia», «Die Frauen von Gnadenstein» oder «Der Leidensweg der Inge Kraft» – die Titel verraten schon: Es handelt sich um auf die Filmleinwand übertragene Frauenromane im «Gartenlaube»-Stil. Doch Drehbücher sind nicht nach literaturkritischen Maßstäben zu beurteilen. Thea von Harbou verfügte über eine außerordentliche Begabung,

Rudolf Klein-Rogge

eine Handlung in die Bildersprache des Films zu übersetzen bei genauer Kenntnis der technischen Möglichkeiten. Was ihre Romane literarisch minderwertig macht, der Verzicht auf psychologische Ausgestaltung und differenzierte Charakterzeichnung, dieser Mangel erwies sich als Gewinn, weil Lang befreit wurde von dem Zwang, eine Geschichte in den Kategorien von Wahrscheinlichkeit und Realismus zu entwickeln. Realitätsferne Kolportage und die Faszination inszenierter Bilder, auf Spannungseffekte reduzierte Handlungsabläufe und symbolische Zeichen sind einander bedingende Elemente von Langs Filmsprache, die dem Drehbuch eine untergeordnete Funktion zuweist. «Die abgegriffenen Wendungen und die stereotypen Erfindungen der Harbou sind körperlose Sprachrudimente, bloß Anknüpfungspunkte für Visuelles ... Basen, von denen aus Lang seine Ausfälle macht in Bereiche des Präverbalen und Unbewußten.»[58] Eine klare Arbeitsteilung: Lang war der Regisseur, nach seinen Ideen, für seine filmischen Vorstellungen schrieb Thea von Harbou das Filmmanuskript. Auch nach ihrer Trennung 1933 – Lang ging ins amerikanische Exil, Thea von Harbou wurde eine anerkannte Filmgröße im Dritten Reich – äußerte er sich nie abfällig über seine ehemalige Mitstreiterin. Manche Filmhistoriker haben allein Thea von Harbou für Sentimentalitäten, fragwürdige Inhalte und ideologische Tendenzen in den gemeinsam verfaßten Filmen verantwortlich gemacht; dieses einseitige Urteil wurde von Lang nicht unterstützt.

Der erste gemeinsam erdachte Film hieß *Das wandernde Bild* und wurde im Dezember 1920 uraufgeführt; die zeitgenössische Kritik stellte das Autorenpaar als «die sensible Dichterin Thea von Harbou und den Praktiker Fritz Lang» vor.[59] Das Melodram mit Happy-End, Arbeitstitel *Madonna im Schnee*, war keine reine Atelierproduktion; die Außenaufnahmen im Odenwald und am Watzmann machte der Filmpionier Guido Seeber, nach dem Urteil Sergej Eisensteins ein «hervorragender Kameramann und Patriarch des Trickfilms»[60]. Für das Eifersuchtsdrama *Kämpfende Herzen*, das im folgenden Jahr Premiere hatte, engagierte man Rudolf Klein-Rogge als Darsteller; Thea von Harbous früherer Ehemann bekam in Langs Filmen der nächsten Jahre regelmäßig große Rollen (z. B. spielte er Dr. Mabuse, König Etzel in den *Nibelungen*, den Erfinder Rotwang in *Metropolis*). Aber Langs eigentliches Interesse galt einem anderen Stoff. Zusammen mit Thea von Harbou entwickelte er aus ihrem gleichnamigen Erfolgsroman das zweiteilige Filmszenario *Das indische Grabmal*.

Unter mysteriösen Umständen erhält ein deutscher Architekt einen Auftrag des Maharadscha von Eschnapur: Er soll für jene Frau, die der Fürst liebte und verloren hat, ein Grabmal von monumentaler, nie dage-

Szene aus «Das indische Grabmal» mit Erna Morena und Lya de Putti, 1921

wesener Pracht errichten. Erst im Lande des Maharadscha (und damit ihm ausgeliefert) erfährt der Europäer, daß er keine Gruft für eine Tote baut. Der Inder will seine Frau lebendig begraben, weil sie ihm untreu geworden ist. Soweit der Ausgangspunkt der spannenden Abenteuergeschichte, die den geheimnisvollen Zauber Indiens breit ausmalt: Da gibt es Schlangenbeschwörer, Yoghis und Bauchtänzerinnen, gefährliche Tiger und Krokodile. Der Film zeigt, wie sich ein Kritiker mokierte, «ein Indien, wie es sich der kleine Moritz vorstellt»[61], oder anders gesagt: eine bunte Märchenwelt voller Jahrmarktssensationen. Wie seine Co-Autorin Thea von Harbou war Lang ein begeisterter Leser von Karl May-Romanen[62], doch der Reiz von Exotik und Abenteuer vermag seine lebenslange Faszination durch diesen Stoff nicht zu erklären. Es ist die Geschichte zweier Kontrahenten: Auf der einen Seite steht der indische Herrscher, blutdürstig wie ein Tiger, getrieben vom Verlangen nach Rache und durch keinerlei Gesetze der zivilisierten Welt daran gehindert. Auf der anderen Seite steht ein Mensch, der Sicherheit des heimatlichen Bodens beraubt und schutzlos einer fremden Gewalt ausgeliefert; der Europäer sieht sich «in ein Chaos von Dunkelheiten gestellt, in dem ich mich nicht zurechtfinden kann». Lang ist der Regisseur von Obsessionen, unbewußten Ängsten, und hinter der aktionsreichen Kolportage wird eine traumatische Struktur sichtbar: Klaustrophobie. Im Roman erklärt die vom Maharadscha nach Indien verschleppte Frau des Architekten: «Die grausige Fremdheit aller Dinge lastet auf mir wie der Deckel eines Sarges. Ich liege in dem Sarge, der Deckel ist daraufgelegt worden; nur lose ... ich kann noch hinaus, wenn ich will ... In einer Stunde wird er zugeschraubt, und ich muß ersticken ...»[63]

Das Szenario wurde von Joe und Mia May gelesen und begeistert aufgenommen; Lang begann mit den ersten Vorbereitungen. *Aber acht Tage später kam Frau von Harbou zu mir. «Ich habe schlechte Neuigkeiten für Sie. Joe May sagt, Sie können den Film nicht machen, weil er nicht genügend Geld für ein so großes Projekt mit einem so jungen Regisseur zusammenbringt.» Die Wahrheit ist, daß Joe May selbst den Film inszenieren wollte.*[64] Lang war machtlos. Mit enormem Aufwand, der durch amerikanisches Kapital gedeckt wurde, 2000 Komparsen und dem Tierpark von Hagenbeck und Zirkus Stosch-Sarrasani setzte Joe May *Das indische Grabmal* in Szene; die Herstellungskosten sollen 24 Millionen Mark betragen haben, und der Ufa-Verleih stellte den Zweiteiler als «der Welt größter Film» heraus. Die kommerziellen Erwartungen erfüllten sich. Die Filmkritiker urteilten, der Erfolg sei ein Verdienst des Architekten Otto Hunte, und hoben besonders hervor «das grandiose Schlußbild des Riesengrabmals, dessen Stufen die winzigen Menschlein herabsteigen»[65]. Hunte hat später auch *Die Nibelungen* und *Metropolis* ausgestattet; auch hier dominieren Bilder, wo Menschen zwischen monumentalen Bauten wie Zwerge wirken. Am Erfolg des *Indischen Grabmals* wollte der Drehbuchautor nicht teilhaben: Lang meinte verbittert, Joe May habe das Skript in wesentlichen Punkten mißverstanden, und er distanzierte sich auch von dem Remake, das Richard Eichberg 1938 mit der Tänzerin La

Jana inszenierte. Erst 1959, im Alter von bald 70 Jahren, konnte er seine eigene Version herausbringen. *Im Grunde hat man mir mein Drehbuch gestohlen. Und als man mich dann 30 Jahre später aufforderte, den Film zu drehen, fand ich das großartig. Es war, als ob der Kreis sich schlösse.*[66] Es wurde ein künstlerisches Desaster.

Fritz Lang konnte nicht verhindern, daß der Firmeninhaber sich selbst als Regisseur für *Das indische Grabmal* bestimmte, aber danach wollte er nicht länger für Joe May arbeiten und fragte Erich Pommer, ob er zur Decla zurückkehren könne. Die Filmgesellschaft expandierte, hatte inzwischen mit der Deutschen Bioskop-AG fusioniert und war damit in den Besitz des Produktionsgeländes Neu-Babelsberg gekommen. Lang war willkommen, und er brachte ein Manuskript Thea von Harbous mit: *Der*

Bernhard Goetzke (der Tod) und Walter Janssen in «Der müde Tod», 1921

müde Tod. Der Untertitel *Ein deutsches Volkslied* kennzeichnet den (nachempfundenen) Tonfall der Filmballade, die mit diesen Versen eingeleitet wird: *Es liegt ein Städtchen irgendwo / Im Tale traumversunken, / Drein zogen liebestrunken / Zwei Menschen jung und lebensfroh.*[67] Das Liebespaar steigt im Gasthof ab; am Nebentisch sitzt ein unheimlicher Fremder, der sie durchdringend mustert. Als die Frau den Mann einen Moment allein läßt, ist er mit dem Fremden verschwunden. Ihre Suche endet vor dem Besitztum des Fremden, das von einer riesigen Mauer ohne Anfang und Ende umschlossen wird. Ohnmächtig sinkt sie davor zusammen. In der Apotheke, wo sie ein Beruhigungsmittel bekommt, will sie in ihrer Verzweiflung zum Giftbecher greifen, da öffnet sich im Traum die unüberwindliche Mauer, und der Fremde läßt sie ein. Er ist der Tod, und flehentlich bittet sie um das Leben ihres Bräutigams. *Der Tod führt sie in eine riesige Halle, in der Millionen von Kerzen brennen. Jede Kerze ist das Lebenslicht eines Menschen, und er sagt: «Hier sind drei Kerzen, die flackern»* – was bedeutet, daß ihr Leben bald erlöschen wird – *«wenn du eines dieser drei Leben bewahren kannst, werde ich dir deinen Bräutigam wiedergeben.» Die Szene spielt zwischen zwei Glockenschlägen eines Uhrturms um Mitternacht. Die Frau hat das Buch Salomon gelesen: «Denn Liebe ist stark wie der Tod ...» Und in ihrer Sehnsucht glaubt sie, Liebe sei stärker als der Tod, deshalb nimmt sie den Kampf auf, und der Film erzählt die Geschichte der drei Kerzen. Alles, was sie unternimmt, um den Mann zu retten, ruft seinen Tod hervor – ein Kampf gegen das Verhängnis, gegen das Schicksal.*[68]

Die drei Episoden führen aus der zeitlosen Kleinstadt-Szenerie heraus; sie spielen im Bagdad der Kalifen, im Venedig der Renaissance und im alten China. Herbert Jhering hat zu Recht bemerkt, daß hier der in der Rahmenhandlung angeschlagene Grundton nicht gehalten wird: «Die Erzählungen sind kostümierte Detektivgeschichten, hineingesprengt in eine lyrische Ballade.»[69] Die Geschichte mündet in der kunstvollen Vermischung der symbolischen Ebene des Traums mit der Rahmenhandlung. Der Tod ist seines Amtes überdrüssig, er sehnt sich danach, besiegt zu werden: *«Ich bin es müde, die Leiden der Menschen mitanzusehen und hasse meinen Beruf.»* Die Frau bekommt eine letzte Chance: Sie soll ein anderes Leben für das ihres Geliebten bringen. Verzweifelt irrt sie durch die Stadt, vergebens sucht sie unter Bettlern und Kranken nach einem Menschen, der sich freiwillig opfert. Plötzlich steht das Spital in Flammen, und sie rettet einen Säugling – der Tod steht neben ihr und fordert diese Seele, doch sie widerruft den Pakt und folgt dem Bräutigam ins Reich der Toten.

Das verwinkelte altdeutsche Städtchen ist mehr als bloße Kulisse: *Der müde Tod* beschwört den Geist der Romantik. Für Film und Literatur jener Jahre gilt die These Marcel Lapierres, der deutsche Expressionismus sei als neuer Ausbruch der Romantik zu werten.[70] «Das Licht hat den expressionistischen Filmen die Seele eingehaucht»[71], und Beleuchtungseffekte, das subtile Spiel von Licht und Schatten, verleihen Langs Filmbildern ihre suggestive Ausdruckskraft. Aus Lotte H. Eisners Buch «Die dämonische Leinwand» sei ein Beispiel zitiert: «Das Laboratorium des kleinen Apothekers vom *müden Tod*, ein dämmeriger Raum mit verschlossenen Fensterläden, ist von einem seltsamen Gleißen erfüllt, Phosphorglanz geht von den Flaschen, den Geräten, dem ausgestopften Getier, dem Skelett aus.»[72] Die Phantastik E. T. A. Hoffmanns wird hier lebendig.

Die Erzählstruktur des Films wird bestimmt durch den Dialog zwischen der Frau (gespielt von Lil Dagover) und dem Tod (Bernhard Goetzke); in der Rückschau glaubte Lang einen spezifisch wienerischen Ton im Film entdecken zu können: die intime Vertrautheit mit dem Tod, wie sie in vielen Liedern seiner Heimatstadt zum Ausdruck kommt.[73] Seiner auferlegten Pflicht kommt der Tod mit verhaltener Trauer nach; seinem Gestus entspricht der getragene Filmrhythmus. Das stilisierte Dekor unterstützt die ruhigen, fast statischen Einstellungen, Filmbilder, die von Malern wie Albrecht Dürer und Matthias Grünewald inspiriert scheinen.[74] Der Film enthält auch humoristische Einsprengsel. Die Kleinstadt-Honoratioren werden durch Zwischentitel vorgestellt und dann am Gasthoftisch durch ihre Essensgewohnheiten charakterisiert: Spitzweg-Bilder. Der Film müsse zu lebendig gewordenen Zeichnungen werden, lautete das Postulat des Ausstatters Hermann Warm. Er und Walter Röhrig, beide hatten die Bauten für «Das Cabinett des Dr. Caligari» entworfen, schufen zusammen mit Robert Herlth das Dekor, und der direkte Vergleich zeigt deutlich, daß Lang neue Wege beschritt: «Von ‹Caligari› unterscheidet sich *Der müde Tod* wesentlich dadurch, daß nicht die grafischen, sondern die architektonischen Strukturen dominieren. Der Raum wird in die Gestaltung einbezogen.»[75] Lang hatte nicht nur Malerei, sondern auch Architektur studiert; er wußte Raumwirkungen zu schaffen und überwand so die Flächigkeit des expressionistischen Films. Seinem Thema (dem unausweichlichen Schicksal) entsprechend evoziert der Film Bilder der Unendlichkeit, die über das Blickfeld der Kamera hinausweisen: «Die Riesenmauer, die der Tod errichtete, verdeckt nicht nur den Horizont, sondern schließt parallel mit dem Bildfeld ab, so daß selbst durch Fluchtlinien die Ausdehnung der Mauer nicht abzuschätzen ist.»[76] *Der müde Tod* brachte nicht bloß technische Neuerungen, sondern revolutionierte die Filmästhetik. Mit seinem siebten Film gelang Lang der künstlerische Durchbruch.

Die Kritik nahm den Film bei der Premiere freundlich auf, ohne seine Bedeutung zu erkennen. Malerische Schönheit und poesievolle Bilder, ein vollendetes Idyll und «echte beseelte Kunst» konstatierten die Rezensenten. Es gab auch negative Stimmen, und eine Kritik soll mit «Der ermüdende Tod» überschrieben gewesen sein. Auch hier eine stichwortartige Zitatenschau: Die Symbolik sei «unklar, befremdend und unverständlich», ein deutsches Volkslied handle nicht von Kalifen und Chinesen, die Szenen seien «effektvoll, aber unwahr», kurzum: «Hintertreppenromantik».[77] Der Tenor der Kritik schlug erst um, als *Der müde Tod* in Paris einen sensationellen Erfolg verbuchen konnte und hymnisch gefeiert wurde: «Die ihr an die Zukunft des Kinos glaubt, seht euch dieses

*Luis Buñuel,
Zeichnung
von Barradas*

Lichtspiel an! Die ihr dem Kino mißtraut, seht es euch erst recht an – aber laßt alle dumme Weisheit, laßt die hamburgische Dramaturgie und den Laokoon hübsch zu Hause, denn ihr seid bei einer neuen Muse zu Gast: Beim Lichtspiel!»[78] In den USA kam *Der müde Tod* erst mit einigen Jahren Verspätung in die Kinos. Douglas Fairbanks hatte die Rechte gekauft, aber nicht, um den Film vorzuführen: Er hielt ihn unter Verschluß, weil er Langs Tricks aus der chinesischen Episode (so z. B. die Aufnahme des fliegenden Teppichs) in seinem eigenen Film «Der Dieb von Bagdad» kopierte. Einem jungen spanischen Theaterregisseur öffnete *Der müde Tod* «die Augen für die poetischen Ausdrucksmittel des Films»[79]. Sein Name: Luis Buñuel.

Dr. Mabuse, der Spieler – ein Bild der Zeit

Die ökonomische Situation der deutschen Filmindustrie um 1920, geprägt durch die Inflation, zwang immer mehr Produktionsgesellschaften zur Fusion mit wirtschaftlich stärkeren Partnern. In diesem Konzentrationsprozeß, in deren Sog nicht nur die kleinen und mittleren Firmen gerieten, konnte die Universum Film AG, kurz Ufa genannt, ihre marktbeherrschende Stellung entscheidend ausbauen. Der Ufa, im Kriegsjahr 1917 gegründet, war die Aufgabe zugedacht, Propagandafilme herzustellen sowie das Deutschland-Bild im Ausland positiv zu beeinflussen; über eine Drittelbeteiligung am Aktienkapital kontrollierte das Deutsche Reich den neugeschaffenen Filmkonzern. Die Männer im Hintergrund hießen General Ludendorff und Emil Georg von Stauß, Direktor der Deutschen Bank; nationale und kommerzielle Interessen bestimmten gleichermaßen die Geschäftspolitik auch nach dem Krieg. Zwar gab die Weimarer Republik im März 1921 die Reichsbeteiligung zurück, doch ihrer Bedeutung nach blieb die Ufa der nationale Filmkonzern. Gestützt auf eine eigene Kinokette konnte die Ufa unabhängige Produktionsfirmen und Verleihorganisationen unter ihren Einfluß bringen. Im November 1921 kaufte man den wichtigsten Konkurrenten auf: die Decla-Bioskop. Erich Pommer wurde neuer Ufa-Produktionsleiter. Er wußte die großen Namen des deutschen Films an die Firma zu binden und hatte maßgeblichen Anteil am hohen künstlerischen Standard der Ufa-Produktion. Sein Talent, Projekte zu initiieren und aus dem Mitarbeiterstab kreative Teams zusammenzustellen, wurde von Regisseuren wie Murnau und Dreyer geschätzt; Thea von Harbou nannte ihn einen «idealen Chef» und Fritz Lang rühmte ihn als den *einzigen wirklichen Produzenten, mit dem ich jemals in meinem Leben zusammengearbeitet habe*[80].

Die Ufa übernahm die Decla-Bioskop «mit dem Recht zur Fortführung der Firma». Man kam nicht nur in den Besitz des riesigen, damals in Europa einmaligen Produktionsgeländes Neu-Babelsberg, sondern übernahm auch die laufenden Verträge. Mit dem Verlag Ullstein bestand eine Vereinbarung, in heutiger Terminologie Medienverbund genannt: Die spannendsten Ullstein-Bücher wurden als Uco-Produktionen in die Kinos gebracht; Buch und Film, deren Veröffentlichung aufeinander abgestimmt wurden, verhalfen sich gegenseitig zu größerer Publizität. Norbert Jacques' erfolgreicher Fortsetzungsroman «Dr. Mabuse, der Spieler», den die «Berliner Illustrirte Zeitung» abdruckte, bot sich für eine solche

Norbert Jacques, Aud Egede Nissen, Gertrude Welcker und Fritz Lang bei Aufnahmen zu dem Film «Dr. Mabuse, der Spieler», 1922

Uco-Produktion an. Als Regisseur war Hanns Kolbe vorgesehen. Von Lang wurde der dreiteilige Zyklus *Piraten* angekündigt; die Episodentitel *Der Seewolf, Die Stadt im Vulkan* sowie *Die Flagge mit dem Totenkopf* lassen einen Rückfall ins Genre des Abenteuer- und Serienfilms vermuten. Daß Lang seine Pläne änderte und *Dr. Mabuse, der Spieler* verfilmte, dafür dürfte Thea von Harbou verantwortlich sein: Sie war mit Norbert Jacques, der während des Ersten Weltkriegs ebenfalls chauvinistische Erbauungsliteratur publizierte, befreundet und stellte den Kontakt her. Vor Drehbeginn besuchte Lang den «Mabuse»-Autor in München, und noch zusammen mit den letzten Romanfortsetzungen konnte die «Berliner Illustrirte Zeitung» schon die ersten Filmfotos veröffentlichen.

Norbert Jacques, von Thomas Mann geschätzt als ein Schriftsteller, der mit «bewährtem Talent das im besseren Sinn Abenteuerliche und Unterhaltende pflegt»[81], schildert in seinem Roman einen ebenso genialen wie dämonischen Übermenschen: *Dr. Mabuse, der Arzt, der Spieler, der Verbrecher* (Zwischentitel im Film). Mabuse ist ein Doktor der Psychopathologie, dessen suggestive Kräfte und hypnotische Fähigkeiten Menschen zu Handlungen wider Willen zwingen, ein raffinierter Spieler, der in vielerlei Masken schlüpft und *mit Menschenschicksalen spielt*, schließlich der Kopf einer international operierenden Verbrecherorganisation, die Spielclubs, Schmuggel und Börsenmanipulationen großen Stils betreibt. Mabuses Gegenspieler ist der Staatsanwalt Wenk. Im Roman ist er Propagandist des Autors für konservative Kulturkritik und antirepublikanische Gesinnung, im Film bleibt diese Figur merkwürdig blaß, gewinnt nicht die Konturen eines positiven Helden. Herrschte in den *Spinnen* das simple Moral-Schema von Gut und Böse, so versagt es in *Dr. Mabuse, der Spieler*. Die Faszination geht von Mabuse aus, er dominiert; der Vertreter der staatlichen Ordnung läßt sich die Wahl der Waffen aufzwingen, wechselt die Masken und Identitäten wie der Verbrecher. Wenk bleibt moralisch indifferent, «eine Art legaler Gangster, der über die Polizei als seine Bande verfügt»[82]. In dem Kampf der beiden Bandenführer ist Wenk nicht der eindeutige Sieger; aufschlußreich ist der Vergleich mit der Romanvorlage. Jacques folgt den Konventionen der gängigen Kriminalliteratur: Das Buch endet mit einem tollkühnen Kampf im Flugzeug, wobei Mabuse den Tod findet. Im Film flüchtet Mabuse in ein unterirdisches Verlies, eine von ihm eingerichtete Fälscherwerkstatt; als der Verfolger Wenk das Versteck aufbricht, findet er den dem Wahnsinn verfallenen Verbrecher beim Spiel mit Banknoten. Einem ordentlichen Gerichtsverfahren hat sich Mabuse entzogen, er kann, so heißt es im Film, nur durch sich selbst zugrunde gehen.

In der Mabuse-Figur spiegelt sich das soziale Reizklima der Nachkriegszeit. Der skrupellose Verbrecher profitiert von Unsicherheit und Chaos, gelangt erst durch Dekadenz und Nihilismus zur vollen Machtentfaltung. Zur Wiederaufführung des Films 1964 notierte Lang: *Die Zeit nach dem Ersten Weltkrieg war für Deutschland eine Zeit der tiefsten Verzweiflung, der Hysterie, des Zynismus, des ungezügelten Lasters. Entsetzliche Armut war neben ganz großem und neuem Reichtum. Berlin prägte damals das Wort: Raffke, vom Zusammenraffen des Geldes ... Dr. Mabuse ist der Prototyp dieser Zeit.*[83] Auf den Zwischentiteln des Stummfilms erklärt Mabuse: «*Wir haben müdes Blut. Wir brauchen Sensationen besonderer Art, um das Leben ertragen zu können.*» Diese Diagnose stellte Lang auch dem Kinopublikum, und um dessen Wünsche zu befriedigen, ließ er sich von aktuellen Zeitungsmeldungen inspirieren, verwendete zum Beispiel für den Schlußteil Berichte aus Paris: Bankräuber hatten sich in der Vorstadt verbarrikadiert und konnten nur durch den Einsatz des Militärs ausgehoben werden. Lang erkannte darin ein Novum in der Geschichte des Verbrechens, ein Symptom. Mabuses Organisation bildet einen Staat im Staat, mit eigenen Gesetzen, eigener Exekutive; der Kampf zwischen Ordnungsmacht und Verbrechen wird zur Schlacht bewaffneter Truppen. Die Wirkung des Films beruhte jedoch nicht allein auf der geschickten Verarbeitung aufsehenerregender Kriminalfälle. Lang gab 1924 folgende Erklärung: *Der Nerv des Erfolgs lag hier nicht einmal im Sensationellen, das noch einigermaßen bescheiden im Hintergrund blieb. Es lag in der Ausnutzung des Films als Zeitbild, oder besser gesagt, in der Auswertung des Films als ein Zeitdokument.*[84]

In Mabuse wird ein Charakter zum Symbol der Zeit, ein realistisches Abbild wurde nicht angestrebt. Während Jacques im Roman plump gegen den Expressionismus polemisiert, formuliert Mabuse im Film: *«Expressionismus ist Spielerei. Warum auch nicht? Alles ist heute Spielerei.»* So wie der Film der Faszination Mabuses zu erliegen scheint, ist er auch geprägt von expressionistischen Einsprengseln: bizarre Innendekors, irreale, eng-verwinkelte Straßenzüge, gemalte Schatten und verfremdende Beleuchtungseffekte, schließlich das expressive Spiel des Mabuse-Darstellers Rudolf Klein-Rogge. Die technische Perfektion wurde einhellig bewundert: «*Dr. Mabuse* ist photographisch ein Meisterwerk. Wie die Raum- und Lichtverteilung sich gegenseitig bedingt, wie Verschwimmendes scharf und Klares dämmerig bleibt – das ist außerordentlich. Die Bild- und Lichtarchitektur der geschlossenen Zimmer, die Kontrastverteilung der nächtigen Außenbilder gehört zum Ungewöhnlichsten, was der deutsche Film bisher geleistet hat.»[85] Die visuellen Reize beschwören eine Atmosphäre des Schreckens und der Bedrohung. Zeitlebens hat Lang vehement widersprochen, wenn *Dr. Mabuse, der Spieler* dem expressionistischen Film zugeordnet wurde. Der Verächter aller ästhetischen Theorien – Lang berief sich immer auf den Grundsatz: *Es ist das Thema, das den Stil diktiert* – ließ sich aber doch das Bekenntnis abringen: *Ich weiß nicht, was ich am Expressionismus gefunden habe. Ich habe ihn gebraucht, ich habe versucht, ihn zu verkraften.*[86]

Es sind nicht allein expressionistische Stilelemente, die an «Das Cabinett des Dr. Caligari» erinnern: Beide Titelhelden sind wissenschaftlich geschult, bedienen sich der Hypnose, um zu morden, und enden im Wahnsinn. Rudolf Klein-Rogge sah in Mabuse einen «Romantiker des Bösen».[87] Der Soziologe Siegfried Kracauer hat, unter Verweis auf weitere zeitgenössische Filme wie «Nosferatu» von F. W. Murnau und «Das Wachsfigurenkabinett» von Paul Leni, von einem «Aufmarsch der Tyrannen» gesprochen und zog daraus Rückschlüsse auf präfaschistische «Kollektivdispositionen» des deutschen Volkes, die Hitlers Aufstieg und Machtergreifung ermöglichten.[88] Lang lehnte Kracauers These einer direkten Verbindungslinie «von Caligari zu Hitler» entschieden ab, bekannte jedoch, Mabuse sei *ein Kind von Nietzsche*[89]. Die Werke dieses deutschen Philosophen dienten, von der Nazi-Propaganda zurechtgestutzt, zur ideologischen Legitimation des Dritten Reiches. Fritz Lang führt auf der Ebene des Trivialmythos einen Übermenschen vor, und auf einem Film-Zwischentitel wird Nietzsches Begriff «Wille zur Macht» Mabuse in den Mund gelegt. Ein von seinen Helfern geschickt inszenierter Aufruhr demonstriert massenpsychologische Vorgänge; diese Szene, die in der Romanvorlage keine Entsprechung hat, enthält ein Motiv, das in Langs späteren Filmen wiederkehrt: die manipulierte, für verbrecherische Ziele mobilisierbare Volksmenge. Derart leistet *Dr. Mabuse, der Spieler* kritische Aufklärung, ohne daß der Film zu den politischen Kämpfen jener Jahre unmittelbar Stellung bezieht. Erich Pommer hat Mabuse als Spartakisten, Wenk als Vertreter der liberalen Konservativen verstehen wollen – doch diese Interpretation gab der Produzent vier Jahrzehnte nach der Uraufführung 1922.[90] Solche Deutungen verfehlen den Film, den das ahnungsvoll-visionäre Sensorium für Zeitatmosphäre und gesellschaftliche Unterströmungen in der nicht gefestigten Republik auszeichnet.

Der fast vierstündige Stummfilm wurde unter den Episodentiteln *Der große Spieler – ein Bild der Zeit* und *Inferno, ein Spiel von Menschen unserer Zeit* an zwei Abenden gezeigt. Die Herstellungskosten betrugen 15 Millionen Mark, auch in Inflationszeiten ein beträchtliches Produktionsvolumen. Die völkisch-nationale Presse warf Lang Verherrlichung von Gewalt und Verbrechen vor; der Film wurde nach einer Schnittauflage

Rudolf Klein-Rogge (rechts) als Dr. Mabuse

Fritz Lang, um 1925

(aus der Straßenschlacht mußten 29 Meter, ca. eine Minute, geschnitten werden) von der Zensur erst ab achtzehn Jahren freigegeben und in einigen Ländern, so zum Beispiel in Schweden, verboten. Zusammen mit Esfira Schub fertigte Sergej Eisenstein 1924 eine russische Fassung an.

Amerikanische Kritiker bemängelten, nach der brillant inszenierten Anfangssequenz, dem Raubüberfall, richte sich der Film «gemütlich ein zu einer Serie von Dialogen und Arien, nur gelegentlich durch Aktion unterbrochen»[91]. Darin zeigt sich deutlich der inzwischen gewonnene Abstand zum Kolportagefilm, wo jede Szene allein kalkulierten Spannungseffekten dient. *Tempo* wurde von Lang als *eigenstes Können* des Filmregisseurs begriffen, zugleich aber stellte er fest: *Tempo heißt nicht*

Rasen, nicht sinnlos überstürzte Hast. Tempo heißt Raffen, Straffen, Steigern, Hochreißen und Zum-Gipfel-führen. Einem Film Tempo geben, heißt nicht, Ereignisse sich überstürzen lassen, Bilder aufeinander jagen, es heißt nur, auf dem Instrument, das wir meistern, alle Saiten fortgesetzt in der genau richtigen Schwingung zu erhalten; denn ein Nachlassen wie ein Überspannen der Saiten gibt Mißklang und Verstimmung. Die Dynamik einer Hetzjagd hinter Verbrechern her ist eine andere als die des schweigenden Sich-Anstarrens zweier Menschen, die sich nicht rühren, die sich nur mit den Augen messen, nur mit den Blicken nach der Stelle tasten, wo dem anderen die Schlagader pulst. Aber beide Szenen können ein Tempo haben, daß dem Zuschauer das Herz aus dem Hals springen möchte.[92] Noch im Filmrhythmus wollte Lang die Zeitatmosphäre einfangen; auf psychologische Ausgestaltung verzichtete er bewußt. Auf «Tat und Tempo» berief sich Norbert Jacques in einem Vortrag anläßlich einer Aufführung des Films und gab damit auch Langs Absichten wieder: «Es ist darin der Versuch gemacht worden, keine Erregungen, sondern nur Regungen zu geben, nie eine Ursache, sondern immer nur eine Wirkung; alles ist ausgeprägt zur Bewegung.»[93] Ein anderes Zitat aus Jacques' Vortrag weist auf den Zusammenhang zu Langs nächstem Filmprojekt: Mabuse «ist die Menschwerdung von dunklen und wilden Strömungen, die unter unserer Zeit laufen und die besiegt werden müssen, bis aus Mabuse Siegfried wird». Nach dem zeitnahen Stoff *Dr. Mabuse, der Spieler* bereiteten Lang und Thea von Harbou ein scheinbar zeitfernes Projekt vor: *Die Nibelungen.*

«Die Nibelungen»

«Es ist jetzt die Zeit der Nibelungenrenaissance», notierte 1924 Alfred Döblin, als er Jürgen Fehlings Berliner Inszenierung von Hebbels Drama besprach, und er meinte damit den zur gleichen Zeit in den Kinos laufenden Nibelungen-Film Langs, nach einer zeitgenössischen Umfrage vom Publikum konkurrenzlos als bester Film des Jahres eingestuft.[94] Den direkten Vergleich brauchte Lang nicht zu scheuen. Der Filmregisseur hatte von der Theaterarbeit Max Reinhardts gelernt, aber ihm war bewußt: *Niemals hat das Theater so die Liebe und Anhängerschaft der Vielheit besessen wie der Film ... Der Film ist das Esperanto für die ganze Welt – und ein großes Kulturmittel. Man braucht, um seine Sprache zu begreifen, nichts anderes als zwei offene Augen.*[95] Lang wollte keine esoterischen Kunstwerke schaffen, er hat den Film immer als Massenmedium verstanden, selbst dann, wenn (wie beim «Nibelungenlied») das *geistige Heiligtum einer Nation* in Filmbilder umzusetzen war: *Es mußte mir also darauf ankommen, in einer Form, die das Heilig-Geistige nicht banalisierte, mit den Nibelungen einen Film zu schaffen, der dem Volke gehören sollte und nicht, wie die «Edda» oder das mittelhochdeutsche Heldenlied, einer im Verhältnis ganz geringen Anzahl bevorzugter und kultivierter Gehirne.*[96]

Die Dreharbeiten für das aufwendige, wiederum in zwei Teilen konzipierte Projekt nahmen fast zwei Jahre in Anspruch. Um den Mythos für den modernen Menschen lebendig werden zu lassen, wurden für den technischen Stab ausgewiesene Könner der Branche engagiert. Zwar verkündete Lang, er habe nicht die Absicht, *mit der äußeren Monumentalität des amerikanischen Kostümfilms in Konkurrenz zu treten*[97], aber Siegfrieds Kampf mit dem Drachen, die Burg Brunhilds inmitten eines Flammenmeeres, der Nebelwald und die Tarnkappe erforderten technische Tricks, deren magischer Zauber nicht durch billige Machart zerstört werden durfte. Lotte Reiniger, die auf Langs Wunsch Kriemhilds Falkentraum als Tricksequenz gestalten sollte, gab den Auftrag zurück; ihr erschien das Team «halb wahnsinnig»[98], und sie empfahl Walter Ruttmann, dessen avantgardistische Montageexperimente Filmgeschichte gemacht haben. Als Kameramann holte Lang Carl Hoffmann, mit dem er schon bei *Halbblut*, den *Spinnen* und *Dr. Mabuse, der Spieler* zusammengearbeitet hatte. Bei der Besetzung verzichtete er auf Stars und wählte Schauspieler der zweiten Garde, Namen, die heute vergessen sind. In einem

Siegfrieds Kampf mit dem Drachen. Szene aus «Die Nibelungen», 1922–24

Zeitungsartikel stellte er sie mit auffällig inhaltsleeren Floskeln vor; so lobte er zum Beispiel Hanna Ralph, die Darstellerin der Brunhild, weil sie sich *so willig und mit konzentrierter Unterwerfung* der Aufgabe angenommen habe.[99] Lang war kein Schauspieler-Regisseur, der sie zu Spontaneität und eigener Kreativität ermunterte: Schauspieler waren für ihn Funktionsträger, die sich der künstlerischen Konzeption des Regisseurs unterzuordnen hatten.

Auf die Ausdruckskraft von Schauspieler-Persönlichkeiten konnte Lang verzichten, weil er das Nibelungenepos nicht als psychologisches Drama gestaltete, sondern *ein deutsches Heldenlied* in bewußt stilisierten Bildern erzählte: *Denn der Mensch als Begriff braucht Überlebensgröße in den Ausmaßen seines Empfindens und Handelns, auch da, wo er ganz klein, ganz schäbig wird. Er braucht den Sockel der Stilisierung ebenso, wie ihn die vergangenen Jahrhunderte brauchen. Man stellt Denkmäler nicht auf den flachen Asphalt. Um sie eindringlich zu machen, erhebt man sie über die Köpfe der Vorübergehenden.*[100] Thea von Harbou, deren gleichzeitig veröffentlichtes «Nibelungenbuch» ein Stück anspruchsloser

Unterhaltungsliteratur darstellt, schrieb das Drehbuch, ein dürftiges Skelett, dessen schematische Struktur Langs Intentionen entgegenkam: Er vereinfachte die Charaktere, um die Kontraste stärker hervortreten zu lassen. Die strenge Polarität von Gut und Böse erhielt ihre Entsprechung in der symbolischen Bedeutung von Licht und Dunkel. Hagen und Brunhild sind schwarz gekleidet, Siegfried und Kriemhild tragen weiße Kostüme. Grau ist die Farbe des Königs Gunther und kennzeichnet dessen unentschiedene Position. Der zweite Teil bringt die Umkehrung des ersten: In *Siegfried* sind Hagen und Brunhild die Rächenden, in *Kriemhilds Rache* wird die Frau in Weiß zur schwarzgekleideten Furie. Am Anfang steht ihre Klage, dann wird das Verlangen nach Gerechtigkeit zur Rache und damit Gut zu Böse. Im ersten Teil ist Siegfried der positive Held, dessen Tod vom Schicksal vorgezeichnet ist; im zweiten Teil ist Kriemhild eine negative Heldin: Sie weigert sich, menschliche Grenzen zu akzeptieren, und ihre unmäßigen Rachegelüste verleihen ihr heroischen Glanz. Dominiert im ersten Teil die geordnete Welt, von der statuarischen Kamera in langen Einstellungen erfaßt, so wird im zweiten Teil die Starre und Bewegungslosigkeit aufgebrochen entsprechend dem Zusammenbruch der moralischen Werte. Wenn Kriemhild das Land der unzivilisierten Hunnen betritt, wird auch sie primitiver, bekommt barbarische Züge.

Arnold Böcklin: «Nymphe auf dem Einhorn»
(Ausschnitt aus dem Bild «Das Schweigen des Waldes»)

Siegfried im Zauberwald

Der Film mündet in einem 45 Minuten währenden Massaker, an dessen Ende es keine Überlebenden mehr gibt.

Die Bildkomposition hat Symbolcharakter; jede Szene, jede Einstellung ist kalkuliert, jedes zufällige Element ausgeschieden. Die starre Mimik der Schauspieler verleiht ihren Bewegungen und Gängen Bedeutungsschwere. Thea von Harbou wollte «die Unerbittlichkeit, mit der die erste Schuld die letzte Sühne nach sich zieht»[101], zeigen: Nicht Menschen, ihre Irrtümer und Leidenschaften, sondern Schicksalsmächte bestimmen das Geschehen. Ein Beispiel für steinerne Monumentalität und dekoratives Pathos ist die Konfrontation der beiden Königinnen Kriemhild und

Brunhild auf der Treppe des Doms zu Worms. Die Wirkung dieser Szene läßt sich einer zeitgenössischen Kritik entnehmen: «Diese ungeheure Stiege, die die ganze Bildfläche bis zum Rande füllt, scheint zum symbolischen Schauplatz des Lebens überhaupt zu werden, wo jedes Oben und Unten die wuchtige Bedeutung eines Gleichnisses bekommt und das Auf und Nieder zum unmittelbaren Bildwerden des inneren Steigens und Stürzens wird und als die bewegte Fieberkurve des Schicksals erscheint.» Béla Balázs bewunderte Langs Kunst, die Schauspieler in großflächige Tableaus zu stellen: «Sie bewegen sich immer in einem übergroßen Raum in großer Distanz voneinander, und ihre Gebärden sind doch mit solcher Präzision einander zugespielt, daß sie diesen großen Raum durch ihren

Hans Adelbert von Schlettow als Hagen

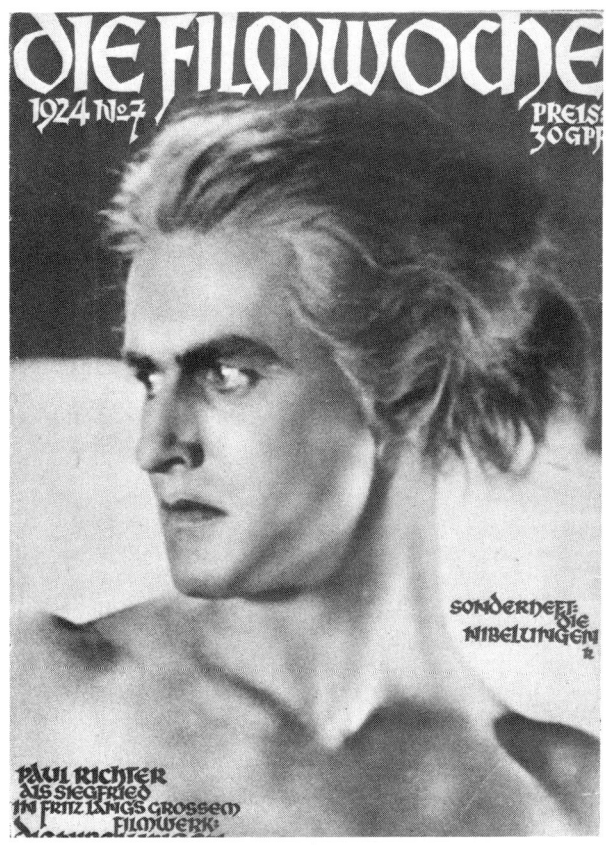

Sonderheft der «Filmwoche»

Kontakt zu durchdringen scheinen, und indem sie ihn ausfüllen, wachsen sie an ihm empor.»[102]

Emporgehoben auf den Sockel der Stilisierung, durfte weder Natur noch Realität in die Szene dringen. Lang drehte im Atelier. Er ließ sich von dem Filmarchitekten Otto Hunte, der in den Jahren 1922 bis 1929 an allen seinen Filmen mitwirkte, *vier vollkommen in sich abgeschlossene, einander fast feindliche Welten* bauen: *die Welt von Worms, das hieß die Welt einer schon überfeinerten Kultur; die Welt des jungen Siegfried ... gleichsam die Welt des Unterirdischen, reich an Gold, an Spuk, an Geheimnissen des Steins; die Welt Brunhilds, Isenland, das Nordlicht, fremde, bleiche, eisige Luft, in der die Menschen wie verglast aussehen*, und schließlich *die Welt der Hunnen und Etzels, des Asiaten*.[103] Ursprünglich sollte Siegfrieds Ritt durch den Zauberwald als Außenaufnahme realisiert werden, doch Lang entschied, im Atelier einen künstlichen Wald errichten zu lassen, dessen gerade Stämme wie ein steinerner Dom wirken. Die Gestaltung dieser Szene ist von einem Gemälde inspiriert: «Arnold Böcklins Nymphe auf dem Einhorn inmitten dunkler Baumstämme, durch die Lichtnebel flutet, wird für jene Szene verwendet, in der Siegfried auf dem weißen Zelter durch den flimmernden Zauberwald reitet. Jupiterlampen ergießen ihr strömendes Licht über Atelierbäume, Nebelschwaden steigen zwischen den Stämmen auf, verweben sich dem flutenden Leuchten. Und die blumenübersäte Wiese, die vor dunklen Felsen weiße Birkenstämmchen umsäumen, ist lediglich die Synthese zweier beliebter Böcklin-Bilder.»[104] Langs Bildphantasie wurde ebenfalls von den Fresken Max Klingers angeregt, Jugendstil-Reminiszenzen sind leicht nachweisbar. Das Magische von Figuren und Raum wird gesteigert durch eine artifizielle Lichtdramaturgie, die den symbolischen Bildaufbau unterstreicht und sogar der Logik naturalistischer Lichtführung widersprechen kann.[105] Es gibt Einstellungen, in denen keine reale Lichtquelle sichtbar ist; das Licht scheint von Siegfried auszugehen, und helle Flecken an Wänden und Deckenbalken wirken wie Reflexe dieser magischen Lichtquelle. Zentralperspektive und Symmetrie, die Anordnung der Figuren bildet eine weitere Symbolebene. Vor der im Dom aufgebahrten Leiche Siegfrieds hockt links zusammengesunken Brunhild, rechts im Licht sitzt Kriemhild. Solche Arrangements, zweifellos kunstvoll ausgeführt, verleihen dem Film eine gewisse Sterilität. 1959, 35 Jahre nach der Uraufführung, urteilte Lang selbstkritisch: *Ich glaube, daß der Film sich zu groß wollte, um minuziös die Seelen zu zeigen.*[106]

Die Bildkompositionen, in denen sich die starre Ordnung der höfischen Welt spiegelt, sind unter ideologiekritischen Vorzeichen zu betrachten: Die versteinert wirkenden Untertanen, jeder Lebendigkeit und Individualität beraubt, müssen den Sockel zur Stilisierung der Übermenschen abgeben. Man hat Lang eine inhumane Ästhetik vorgeworfen: Menschen dienten ihm als bloße Dekor-Elemente, um ornamentale Bildwirkungen zu erzielen. Zwei Beispiele aus Lotte H. Eisners Filmanalyse: «Pfeilern gleich ragen in genauen Abständen Krieger auf, sie sind identisch in ihrer Haltung, gleichmäßig werden sie von Speer und Schild flankiert. Ein Zickzack-Ornament auf ihrem Waffenrock läßt sie in der Fläche erstarren, der Waffenrock scheint kaum mehr einen wirklichen Körper zu umschließen ... Oder Brunhild schreitet auf einer improvisierten Schiffsbrücke zum Land, und jene Schiffsbrücke ist aus Kriegern gebildet, die bis zum Hals im Wasser stehen und ihre Schilde aneinanderhalten; ihre Helme wirken wie eine ornamentale Bordüre.»[107] Ist der Mensch aber nur wesenloser Teil einer monumentalen Architektur, so triumphiert das Ornamentale über das Individuum wie es in den Massenveranstaltungen autoritärer und totalitärer Regime geschieht.[108] Siegfried Kracauer sah eine direkte Verbindungslinie zwischen Langs *Nibelungen* und Leni Riefenstahls «Triumph des Willens», der offiziellen Filmdokumentation des NSDAP-Parteitags 1934. Kracauers These ist umstritten, aber es ist belegt, daß *Die Nibelungen* zu Hitlers Lieblingsfilmen gehörte, und bei der

Fritz Lang und Erich Pommer während der Überfahrt nach Amerika, 1924

ersten programmatischen Rede, mit der Joseph Goebbels am 28. Mai 1933, also kurz nach der nationalsozialistischen Machtergreifung, die Neuordnung des Filmwesens ankündigte, hob der Propagandaminister als richtungweisendes Werk Langs Film hervor: «Hier ist ein Filmschicksal nicht aus der Zeit genommen, aber so modern, so zeitnah, so aktuell gestaltet, daß es auch die Kämpfer der nationalsozialistischen Bewegung innerlich erschüttert hat.»[109]

Die Frage nach der politischen Wirkung ist jedoch nicht eindeutig zu beantworten. Lang wollte einen Kulturfilm schaffen, der das deutsche Selbstbewußtsein nach dem verlorenen Krieg wieder stärkte. Die von Alfred Hugenberg herausgegebene Zeitschrift «Die Filmwoche» widmete den *Nibelungen* ein Sonderheft. Dort heißt es: «Er ist aus unserer Zeit geboren, der Nibelungenfilm, und nie noch haben Deutsche und die Welt ihn so gebraucht wie heute. Fritz Lang und Thea von Harbou müssen das gefühlt haben, denn wo besaß das deutsche Heldenlied größere Parallele als im heutigen Weltgeschehen? ... Der Gedanke des Nibelungenfilms ist heute zu einem Bedürfnis ausgewachsen, nicht zum Bedürfnis des Einzelnen, sondern zum Bedürfnis der Gesamtheit. Wir brauchen wieder Helden!»[110] Doch wurde der Film nicht als Propagandawerk verstanden. In dem eben zitierten Artikel steht auch der Satz: «Dieses Filmwerk soll der Kunst gewidmet sein und nicht dem deutschen Nationalbewußtsein», und das kommunistische Monatsblatt «Kulturwille» berichtete, «daß gerade dieser Film wenig zu nationalistischen Kundgebungen Anlaß gab, im Gegensatz zum treudeutschen Film: Fridericus Rex ...»[111]. Von den beiden Teilen erwies sich *Siegfried* als weit erfolgreicher, während es bei *Kriemhilds Rache* sogar zu Zuschauerprotesten gekommen sein soll. Dieser Teil entsprach kaum der Lesebuchvorstellung von deutscher Nibelungentreue, und es ist bezeichnend, daß 1933 allein *Siegfried* als Tonfilm zur Wiederaufführung kam.

Die Uraufführung von Langs *Nibelungen* war ein nationales Ereignis, an dem Außenminister Gustav Stresemann und hohe Regierungsbeamte der Weimarer Republik teilnahmen. Für die deutsche Filmindustrie war die teure Produktion Prestigeobjekt und Exportgut, das deutsche Kultur im Ausland würdig präsentieren sollte. Nicht überall war die Resonanz positiv. Die Praktiken der Verleihfirmen waren für die ablehnende Kritik oft mitverantwortlich. Zwar hatte sich Lang vertraglich gegen Kürzungen abgesichert, aber in Wien teilten die Kinobesitzer die zwei Teile des Films noch einmal, so daß der dramaturgische Aufbau und der Erzählrhythmus zerstört wurden. Bei der Premiere in England, wo *Kriemhilds Rache* unter dem Titel «The She-Devil» (Das Teufelsweib) lief, sprach die Kritik von «groteskem Unsinn», in Moskau dagegen hatte der Film mit zehnwöchiger Laufzeit einen außerordentlichen Erfolg.

Das besondere Interesse der Ufa galt jedoch Amerika, dem Hauptkonkurrenten auf dem Weltmarkt. Zusammen mit Erich Pommer als Ufa-Repräsentanten reiste Lang im Oktober 1924 in die USA, um die Produktionsweisen in Hollywood zu studieren und sich über den Stand der amerikanischen Filmtechnik, speziell Kopiermethoden und Trickeffekte, zu informieren. An Hand der zahlreichen Zeitungsberichte läßt sich das Reiseprogramm rekonstruieren.[112] Er besuchte die Studios von Warner Brothers und United Artists, sprach mit dem Produzenten Samuel Goldwyn und der Schauspielerin Mary Pickford, traf Douglas Fairbanks und besichtigte die Studiobauten zu «Der Dieb von Bagdad». Nach einer Begegnung mit Charles Chaplin notierte er: *Wenn er arbeitet, arbeitet er, aber er kann auch wie ein Junge spielen*. In Los Angeles war er Gast von Ernst Lubitsch, der zwei Jahre zuvor Deutschland verlassen hatte; *Lubitsch zu treffen*, sagte Lang der Presse, *war wie einen Bruder zu begrüßen*. (Lang äußerte sich stets zurückhaltend über seine Kollegen und verweigerte meist die Antwort auf entsprechende Interviewfragen. Lotte H. Eisner berichtet, daß er Georg Wilhelm Pabst *schrecklich* fand, und in Friedrich Wilhelm Murnau sah er einen *alten Gegner*.[113]) Kurz vor der Rückreise machte er einen Abstecher nach New Jersey und ließ sich von dem amerikanischen Filmpionier David Wark Griffith «Isn't Life Wonderful», eine Darstellung des Berliner Alltagslebens während der Inflationsjahre, vorführen. Griffiths Realismus beeindruckte Lang; er nannte ihn eine Ausnahmeerscheinung im amerikanischen Film, dessen kommerzielle Aus-

Ernst Lubitsch

richtung er verurteilte. In einem Resümee seiner Amerika-Erfahrungen vermerkte er positiv die unbeschwerte Vitalität und kritisierte an den Produktionen Hollywoods die *Einförmigkeit der Rezepte* sowie die *Ahnungslosigkeit der Historie gegenüber*.[114] Die New Yorker Premiere von *Die Nibelungen*, bei der ein 60 Mann starkes Symphonie-Orchester den Film mit Wagner-Musik begleitete, brachte zwar wohlwollende Kritiken, der Erfolg blieb jedoch aus. Langs Kommentar: *Was wissen die Leute in Pasadena von Siegfrieds Kampf mit dem Drachen?*[115]

Kurt Pinthus schrieb über *Die Nibelungen*, Langs Verdienst sei es, für einen Stoff der Vergangenheit einen Stil gesucht und gefunden zu haben, der sich von dem bisherigen Stil des historischen Films entfernt. Doch dieser Stil sei nicht mehr steigerungsfähig, er biete dem Film keine Zukunft. «Es gilt, sich von Stoffen zu entfernen, die nicht nur zeitlich, sondern auch im Gefühlsinhalt der Vergangenheit angehören. Es gilt, Stoffe aus der Gegenwart und Zukunft zu destillieren, wie das am sichersten die

Amerikaner fühlen.»[116] Fritz Lang dachte ähnlich. Er fuhr nach Amerika mit dem erklärten Ziel, sich für sein nächstes Filmprojekt inspirieren zu lassen. Bei der Ankunft in New York waren Lang und Pommer gezwungen, die Nacht an Bord zu verbringen. Als Lang auf dem Deck umherging, sah er *eine Straße, durch Neonlampen taghell beleuchtet, und, alles überragend, ständig wechselnde, an- und ausgehende, spiralförmige, riesige Leuchtreklame. Für einen Europäer war das damals völlig neu und fast märchenhaft. Dieser Eindruck gab mir die erste Ahnung von einer Stadt der Zukunft.*[117] Am nächsten Tag lief er durch die Straßen von New York. *Die Wolkenkratzer wirkten fast schwerelos, eine luxuriöse Kleidung, die vom dunklen Himmel herunterhängt, um zu blenden, zu verwirren und zu hypnotisieren. Nachts machte die Stadt einen leblosen Eindruck; sie lebte, wie Illusionen leben.* Diese Vision einer Zukunftsstadt gestaltete Lang in *Metropolis*.

Utopische Märchen

Metropolis hebt sich deutlich ab vom phantastischen Film der Stummfilmära und begründete in Deutschland ein neues Filmgenre: die Sciencefiction. Die damals neuartigen Elemente gehören heute zu den gängigen Mustern der Gattung. Eine negative Utopie zeigt die Exposition; der Zukunftsstaat ist eine Klassengesellschaft: Während in der lichtlosen Unterstadt die Arbeiter wie Sklaven hausen und zehn Stunden am Tag von der Maschine tyrannisiert werden, leben die Menschen der Oberstadt in einer Welt des Luxus und des Überdrusses. Herr über Menschen und Maschinen, das *Hirn von Metropolis* ist Fredersen. Seine Gegenspielerin ist Maria, *die Heilige der Unterdrückten*: ein Mädchen mit charismatischer Ausstrahlung, die von den Arbeitern angebetet wird. Sie predigt Liebe und Versöhnung, Bruderschaft zwischen allen Menschen und warnt vor einem gewalttätigen Aufruhr, der nur sinnlose Zerstörung und Schuld bringen würde. Das Hirn (der Herrscher) und die Hände (die Arbeiter) müßten durch das Herz (einen Mittler) zusammengeführt werden. Mitgefühl für die geknechteten Arbeiter und Liebe zu Maria treibt Freder, Sohn des Herrschers von Metropolis, in die Katakomben der Unterstadt. Fredersen, durch einen Spion über die Wege seines Sohns informiert, sucht den Erfinder Rotwang auf, einen skrupellosen Wissenschaftler und zugleich Meister der schwarzen Magie, an dessen Tür das Pentagramm prangt. Rotwang erschafft einen künstlichen Menschen, dem er die Gestalt Marias gibt und der die Masse aufwiegelt. Die Maschinenstürmer bringen unbedacht das Leben ihrer Kinder in Gefahr, der Zusammenbruch der Schleusensysteme bedroht die Unterstadt mit einer Überflutung, doch Freder und Maria können in letzter Minute die Katastrophe verhindern. Die Massenhysterie schlägt um, und der Volkszorn richtet sich nun gegen die falsche Maria, die von der Menge gejagt und auf dem Scheiterhaufen als Hexe verbrannt wird. (Lang variiert erneut das Thema der Femme fatale und mobilisiert unterschwellige Ängste vor der Sexualität: Während die falsche Maria mit einem lasziven Tanz die Arbeiter zur Revolution verführt, verkörpert die echte Maria die reine Liebe – bezeichnenderweise nennt Freder sie in Thea von Harbous Roman «Jungfrau-Mutter».) Rotwang entführt Freder. Auf dem Giebel des gotischen Doms (ein Gegenbild zum Neuen Turm Babel in Metropolis) kommt es zum Zweikampf, bei dem der dämonische Erfinder sich zu Tode stürzt. Am Schluß steht ein Happy-End: Fredersen, der um das Leben seines Sohnes ge-

Originalplakat zu dem Film «Metropolis», 1926

bangt hat, zeigt Einsicht und gibt dem Arbeiterführer die Hand. Das Paar Freder und Maria, Mittler zwischen den sozialen Klassen, stiftet eine neue brüderliche Gemeinschaft.

Die Filmhandlung stellt ein Konglomerat dar, dessen Motive dem Expressionismus (Vater-Sohn-Konflikt), der Neuen Sachlichkeit (Faszination durch die Technik) und der Trivialliteratur entlehnt sind. Die beängstigende Zukunftsvision wird aufgehoben durch eine sentimentale Liebesgeschichte, und die Lösung aller Probleme findet, wie Béla Balázs ironisch anmerkte, «unter Umgehung aller Tarif-Verhandlungen» mittels Händedruck statt. Der «Simpl» spottete: «Nimm zehn Tonnen Grausen, gieße ein Zehntel Sentimentalität darüber, koche es mit sozialem Empfinden auf und würze es mit Mystik nach Bedarf; verrühre das Ganze mit Mark (sieben Millionen) und du erhältst einen prima Kolossalfilm.»[118] *Metropolis* wurde von der zeitgenössischen Kritik scharf verurteilt, weil «eine technische Zukunftsstadt und Gartenlauberomantik», «das Extrem des Ingenieur-Amerikanismus» und das «staubfängerische Kunstgewerbe europäischen Gemütslebens»[119] sich nicht zu einer überzeugenden ästhetischen Einheit fügen ließen und der Film in einer fragwürdigen ideologischen Botschaft mündet. Der Schriftsteller Herbert George Wells meinte, der Film verabreiche «in ungewöhnlich Konzentration nahezu jede überhaupt mögliche Dummheit, Klischee, Plattheit»[120], und doch hat *Metropolis* Filmgeschichte gemacht. Eine Erklärung liefert Luis Buñuel, der in *Metropolis* zwei qualitativ unterschiedliche Filme sah, ein überwältigendes Bilderbuch und Szenen eines verfeinerten schlechten Geschmacks. Ähnlich wie später die Filmhistoriker verteilte er schon 1928 die Zuständigkeiten: «Obwohl wir zugeben müssen, daß Fritz Lang ein Komplice ist, klagen wir hierbei als den mutmaßlichen Autor dieses eklektischen Versuchs und gewagten Synkretismus seine Frau, die Drehbuchautorin Thea von Harbou, an.»[121] Fritz Lang akzeptierte dieses Urteil. Jahrzehnte später distanzierte er sich vom Drehbuch, bekannte aber seine Mitschuld: *Die Hauptthese war von Frau von Harbou, aber ich bin wenigstens zu fünfzig Prozent verantwortlich, weil ich den Film gemacht habe. Ich war damals nicht so politisch bewußt, wie ich es heute bin. Man kann keinen gesellschaftlich bewußten Film machen, indem man sagt, der Mittler zwischen Hand und Hirn sei das Herz – ich meine, das ist ein Märchen, wirklich. Aber ich interessierte mich für Maschinen...*[122]

Während der Dreharbeiten sagte Lang in einem Interview, er versuche, *den brausenden Rhythmus unerhört gesteigerten, zivilisatorischen Fortschritts einzufangen*[123]. Die triviale Handlung ist nur Vorwand, Libretto für die Inszenierung von Bewegungsarrangements. Luis Buñuel: «Was für eine begeisternde Symphonie von Bewegung! Wie singen die Maschinen, wunderbar durchsichtig im Zentrum, durch die elektrischen Entladungen Triumphbögen gleich! ... Das äußerst lebhafte Funkeln des Stahls, die rhythmische Abfolge von Rädern, Kolben, von noch nicht erschaffenen mechanischen Formen, dies ist eine bewundernswerte Ode, eine ganz neue Poesie für unsere Augen ... Selbst die Zwischentitel, die auf- und absteigen, sich drehen, bald in Licht zerlegt werden oder in Schatten verschwinden, vereinigen sich in der allgemeinen Bewegung und werden selbst Bilder.» Während die Roboter-Doppelgängerin Marias Gestalt annimmt, umhüllen rhythmisch zirkulierende Lichtringe ihren Körper. Wie der künstliche Mensch pulsiert die Stadt in blendendem Licht. Fritz Lang entwirft gigantische Apparate, deren Zweck nicht zu erahnen ist, und er zeigt das faszinierende Zusammenspiel mechanischer Abläufe in einem komplizierten Funktionsplan. Die Arbeiter sind Sklaven der Maschine, deren Rhythmus sie sich unterzuordnen haben. Der Maschinentakt bestimmt das Leben in Metropolis, die Technik erscheint als Moloch. Die Bedienung der Apparate zwingt die Arbeiter in strukturierte Einheiten: Wieder bilden Menschen Ornamente. Die Masse, in geometrische Formen gepreßt, bewegt sich mechanisch-rhythmisch; in Rechtecken marschieren die Arbeiterkolonnen, während die vorwärtsstoßende Menge, zum Beispiel bei der Zerstörung der Maschinenzentrale, keilförmig gruppiert ist.[124] Fritz Langs Regie ist vom expressionistischen Theater, aber auch vom russischen Avantgardetheater beeinflußt; den Inszenierungen

Maria, die Heilige der Unterdrückten

Die falsche Maria wird verbrannt

Alexander Tairovs, die er bei dem Gastspiel des Moskauer Kammertheaters in Deutschland sah, entnahm er Anregungen für *Metropolis*.[125] Die Masse bildet in diesem Film ein «gigantisches Ballett» (Buñuel).

Sergej Eisenstein, der Lang während der Dreharbeiten im Studio besuchte, zeigte sich besonders beeindruckt von den technischen Innovationen des experimentierfreudigen Teams. Um eine Explosion eindrucksvoll filmisch darzustellen, erfand Lang die Kameraschaukel. Die Kamera wurde dem Schauspieler, der zurückwich und sich an die Wand preßte, entgegengeschwungen und kehrte in ihre Ausgangsposition zurück: Die Druckwelle der Detonation wurde augenfällig. Im Stummfilm mußten Geräusche optisch ausgedrückt werden; Pulverdampf signalisierte das Pfeifen der Arbeitssirene. Die Wolkenkratzer und kühnen Straßenkonstruktionen von Metropolis wurden, erstmals in einem Spielfilm, im Schüfftan-Verfahren aufgenommen: Die Einspiegelung winziger Modelle in Realszenen schuf die Illusion riesiger Bauten. 1925 antwortete Lang

«Metropolis»: Utopisches Stadtbild

Karikatur von Thomas Theodor Heine im «Simpl», 1927

auf die Frage nach dem künstlerischen Stand des deutschen Films: *Wir haben Architekten – der ganze Rest ist hoffnungslos schlecht.*[126] Für die Bauten von *Metropolis* zeichnete Otto Hunte verantwortlich, ihm spendete Buñuel enthusiastisches Lob: «Das Kino wird der zuverlässige Interpret der kühnsten Träume der Architektur sein.»

Die Verwirklichung dieser Träume brauchte zwei Jahre und verschlang immense Summen. *Metropolis* war auf eine Million Mark kalkuliert und kostete letztlich fünf Millionen, wie der Aufsichtsratvorsitzende von Stauß auf der Generalversammlung der Ufa mitteilte. (Lang widersprach dieser Behauptung und rief ein Schiedsgericht an, um die Herstellungskosten überprüfen zu lassen.) Die Filmreklame warb mit eindrucksvollen Zahlenkolonnen: 1300000 Meter Film wurden abgedreht, 36000 Komparsen, darunter 750 Kinder, beschäftigt und 1600000 Mark allein für Arbeitslöhne ausgegeben. Eine kostspielige Großproduktion erfordert Kompromisse – die sentimentale Handlung war gewiß ein Zugeständnis ans Publikum, und die ideologische Botschaft ist auch unter diesem Aspekt zu sehen: Die Verbrüderung von Kapital und Arbeit durch eine Führergestalt entsprach einem weitverbreiteten Wunschdenken, das sich später die nationalsozialistische Propaganda zunutze machte. Siegfried Kracauer faßte das internationale Echo der Filmkritik zusammen: «*Metropolis* beeindruckte das deutsche Publikum, die Amerikaner genossen seine technische Brillanz, die Engländer dünkten sich erhaben, und die Franzosen zeigten sich von einem Film, der ihnen wie eine Mischung aus Wagner und Krupp und im Ganzen als alarmierendes Zeichen deutscher Vitalität erschien, beunruhigt.»[127] Die geschäftlichen Erwartungen konnte *Metropolis* aber nicht erfüllen; der Film wurde für die Ufa zu einem finanziellen Fiasko: Der erhoffte Kassenerfolg in Amerika blieb aus und der deutsche Markt deckte – und auch das erst nach einigen Jahren – gerade ein Siebentel der Herstellungskosten.

Solche Verluste konnte der Filmkonzern, dessen Schuldenlast sich in den Jahren 1925 bis 1927 auf 50 Millionen verdoppelte, nicht auffangen. Um den deutschen Film trotz der erdrückenden Konkurrenz Hollywoods zu erhalten und um den Absatz deutscher Produktionen in Amerika zu sichern, hatte die Ufa 1926 mit Paramount und Metro-Goldwyn-Mayer den Parufamet-Vertrag geschlossen, dessen ungünstige Bedingungen die Firma in Bankrottgefahr brachten. Im April 1927 übernahm der Scherl-Konzern die Ufa, Alfred Hugenberg wurde Leiter des Aufsichtsrats und richtete die Firmenpolitik «nationalbewußt» aus. Erich Pommer, heftig attackiert wegen teurer und defizitärer Produktionen wie *Metropolis* und Murnaus «Faust»-Film, verließ die Ufa und ging nach Hollywood. Die öffentlich ausgetragene Kontroverse über die *Metropolis*-Herstellungskosten, das Ausscheiden von Pommer, dem Produktionsleiter seines Vertrauens, bewegten Lang, auf Distanz zur Ufa zu gehen. Für die beiden folgenden Filme *Spione* und *Frau im Mond* gründete er eine eigene Produktionsgesellschaft, die Ufa übernahm lediglich den Verleih.

Spione beschrieb ein Kritiker zutreffend als «virtuos hingeworfenen Kriminalschund»[128]. Die kühnen Verfolgungsjagden, die abenteuerlichen Mord- und Liebesaffären erinnern an die frühen Kolportagefilme, die Aufnahme von aktuellen Zeitereignissen (wie die Ermordung Rathenaus) und der Kampf des Polizeiapparats gegen eine subversive Agentenorganisation und ihren genialen Kopf an *Dr. Mabuse, der Spieler*. Mabuse

Siegfried Kracauer

hat aber eine Schwäche, seine Liebe gibt ihm eine Blöße; der Bankier und Spionagechef Haghi dagegen ist ein *menschlicher Computer*[129]: Sein starrer, gefühlloser Blick ist auf Opfer, Gegner und Untergebene gerichtet, mittels technischer Überwachungsanlagen und raffinierter Informationssysteme knüpft er sein geheimes Netz. Anders als der Roman Thea von Harbous, der deutlich antikommunistische Akzente setzt, zeigt Lang kaum Interesse für die politischen Ziele und den ideologischen Hintergrund des Agententreibens. Spionage «ist eine Grundkategorie seiner Kinowelt. Sie bezeichnet die Durchlöcherung scheinbar festgefügter, abgeschirmter Organismen.»[130] Aus dem Guckloch in der Wand, durch das Lio Sha (*Die Spinnen*) spähte, sind Fernsehschirme geworden. Die modernen Kommunikationsmedien und Nachrichtensysteme, Telefon und Telegrafen, Laufschriften und Mikrofone faszinieren den Regisseur derart, daß ein Filmkritiker sarkastisch anmerkte: «Die Personen dieses Films scheinen doch weniger zu Spionagezwecken als zur Bedienung der technischen Apparate engagiert zu sein.»[131] Was allgemein als unklar und konfus kritisiert wurde, erweist sich als komplexe Erzählstruktur: Die Spannungsdramaturgie des Films beruht auf sich überlappenden Intrigen, die mit mechanischer Präzision die Handlung vorantreiben. Alfred Hitchcock hat von Fritz Lang gelernt.

Utopisches Märchen und Kriminalfilm verband *Frau im Mond*, uraufgeführt 1929. Ein verarmter Professor, dessen skurrile Theorien von der Fachwelt verhöhnt werden, vermutet auf dem Erdtrabanten riesige Goldvorkommen; mit wenigen Getreuen bereitet er eine Weltraumexpedition vor. Zur Besatzung der Mondrakete gehören außerdem zwei junge Männer, der Chefingenieur einer Flugzeugfirma und ein Student der Astronomie; beide werben um die Gunst einer Frau – sie fährt ebenfalls mit, so daß das Eifersuchtsdrama fern der Erde fortgesetzt werden kann. Ein aufgeweckter Junge schleicht sich als blinder Passagier ein. Und noch ein ungebetener Mitreisender: Im Auftrag eines internationalen Finanzsyndikats hat der Agent Turner die Konstruktionspläne des Raumschiffs gestohlen und erzwingt so seine Teilnahme am Unternehmen. Nach dem Start der Rakete und der geglückten Landung verläuft die Zukunftsvision in wohlbekannten Bahnen des konventionellen Abenteuerfilms. Im Kampf um das Gold finden der Professor und der Agent den Tod, ein Sabotageakt läßt nur noch für zwei Personen die Rückfahrt zu, und das Liebespaar bleibt allein auf dem fernen Planeten zurück. Willy Fritsch, der schon in *Spione* eine Hauptrolle hatte, spielte den sympathischen Helden. Er gibt einen Einblick in die Arbeitsweise Langs, der seine Darstel-

Alfred Hugenberg (1865–1951), späterer Reichswirtschafts- und Ernährungsminister, übernahm 1927 die Leitung des Scherl-Konzerns und der Ufa

ler während der Dreharbeiten nicht schonte und für Nervenkitzel bei den Aufnahmen sorgte: «Er wünschte seine Schauspieler in Angst und Schrecken zu versetzen. Er glaubte, diese Angst würde sich irgendwie auf das Publikum übertragen ... Verliebt in seine Dekorationen und ebenso verliebt in seine Regie-Mätzchen, kostete der Meister jede Minute im Atelier aus. Die Aufnahmen dehnten sich bis in die tiefe Nacht aus.»[132] Gedreht wurde auf dem Ufa-Gelände Neu-Babelsberg; 30 Waggonladungen märkischer Sand bildeten die Kraterlandschaft des Mondes.

Sentimentalität und mangelnde Logik, beides dem Drehbuch Thea von Harbous anzulasten, verhinderten den künstlerischen Erfolg des Films, in dem Langs technische Phantasie visionäre Bilder schuf: 40 Jahre vor dem ersten bemannten Raumflug zum Mond nahm er vorweg, was später verblüffend ähnlich Realität wurde. «Fast dokumentarisch wirken die Szenen, in denen das Raumschiff zum Start bereitgemacht wird. Erst als der Mond erreicht ist, hört jede naturwissenschaftliche und technische Authentizität auf: Der Mond hat eine Atmosphäre, und seine Oberfläche ist zum Teil mit Schnee bedeckt.»[133] Für die eindrucksvollste Filmpassage, das Herausfahren und den Abschuß der Rakete, erfand Lang den Count-

down: *Als ich das Abheben der Rakete drehte, sagte ich: Wenn ich eins, zwei, drei, vier, zehn, fünfzig, hundert zähle, weiß das Publikum nicht, wann die losgeht. Aber wenn ich rückwärts zähle (count down), zehn, neun, acht, sieben, sechs, fünf, vier, drei, zwei, eins, NULL! – dann verstehen sie.*[134] *Frau im Mond* sollte *keine wilde Utopie*[135] sein, deshalb zog Lang als Berater wissenschaftliche Experten heran: Professor Hermann Oberth, dessen 1923 publiziertes Buch «Die Rakete zu den Planetenräumen» in ihm einen begeisterten Leser gefunden hatte, und Willy Ley, Oberths Assistent. Ley ging später in die USA, während Oberth die von den Nationalsozialisten forcierte Raketenentwicklung in Peenemünde leitete; die Filmrakete von *Frau im Mond* ähnelte so sehr den dortigen Versuchen, daß der Film im Dritten Reich verboten wurde.

Doch gleich nach der Fertigstellung schien der utopische Film schon veraltet: Der Tonfilm revolutionierte die Filmkunst. Der Ufa-Generaldirektor Ludwig Klitzsch machte eine Informationsreise nach Amerika und begann anschließend mit der planmäßigen Umstellung der Produktion und der technischen Umrüstung der Filmtheater. Experimente mit synchronem Ton gab es schon ein Jahrzehnt zuvor, aus kommerziellen

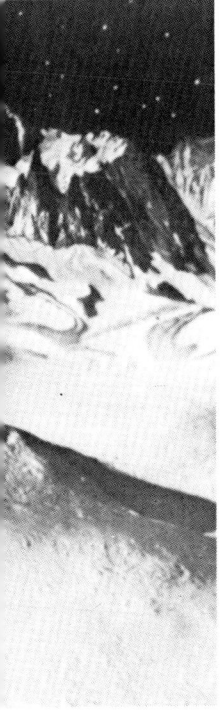

«Frau im Mond», 1928

Erwägungen wurden sie aufgegeben. Nachdem aber Hollywood auf breiter Front und mit großem Erfolg das Tonfilmzeitalter ausgerufen hatte – als historisches Datum gilt die Uraufführung von «The Jazz Singer» am 23. Oktober 1927 –, mußte die deutsche Filmindustrie reagieren. Viele Künstler verhielten sich zurückhaltend oder ablehnend; sie warnten, der Ton würde die filmischen Ausdrucksmöglichkeiten nicht steigern, sondern zerstören. Der Regisseur und Schauspieler Lupu Pick, der einige bedeutende Kammerspielfilme inszenierte und als Darsteller in *Spione* mitwirkte, erklärte Anfang des Jahres 1929 kategorisch: «Künstlerische Zukunft der Tonfilme? Der stumme Film wird bleiben!»[136] Doch die Entwicklung war nicht aufzuhalten, noch im selben Jahr, mitten in der Weltwirtschaftskrise, eroberte der Tonfilm Europa. Die Ufa versuchte Lang zu überzeugen, den eben abgedrehten Stummfilm *Frau im Mond* nachträglich mit Ton auszustatten. *Ich sagte: «Nein, das würde den ganzen Rhythmus, die ganze Idee zerstören.» Wir hatten einen großen Kampf.*[137] Lang siegte, aber dies war das Ende aller Geschäftsbeziehungen. In den Sitzungsprotokollen der Ufa, die im Bundesarchiv Koblenz aufbewahrt werden, heißt es: «Mit Rücksicht auf die früheren Differenzen und die damit zusammenhängenden großen Verluste für die Ufa soll mit Fritz Lang keine geschäftliche Verbindung mehr aufgenommen werden, die die Produktion von Ufa-Filmen im Auftrage oder in Gemeinschaft mit der Ufa betrifft.» Ergänzt ist der Vorstandsbeschluß mit einer handschriftlichen Randbemerkung: «Im übrigen ist beschlossen worden, daß sämtliche leitenden Herren der Ufa L. mit ‹kühler Reserve› behandeln!»[138]

Al Jolson in «The Jazz Singer», dem ersten Tonfilm, 1927

Mörder unter uns

Bei aller Bewunderung für die technischen Qualitäten der Regie, der Bildmontage und der kompositorischen Gestaltung: Fritz Lang war doch mit den letzten Großproduktionen künstlerisch gescheitert. Aus dem ehemals risikofreudigen Regisseur, der mit Werken wie *Der müde Tod*, *Die Nibelungen* und *Dr. Mabuse, der Spieler* die Filmästhetik entscheidend beeinflußt hatte, schien ein Routinier geworden zu sein, der nur noch mit kalter Brillanz inszenierte Unterhaltungsware ablieferte. Lang und Harbou waren ins «Reichshandbuch der deutschen Gesellschaft» eingegangen, sie lebten in einer luxuriösen Wohnung in Berlin-Grunewald, Hohenzollerndamm. Zwar betonte Lang, in ihm stecke Cowboy-Blut, aber sein öffentliches Auftreten erinnerte eher an einen Grandseigneur; sein Markenzeichen, das Monokel, wurde als Arroganz und Preußentum ausgelegt und regte Kurt Tucholsky zu der Formulierung an: «Ich kenne der Ministerialräte manche, die dumm sind wie das Monokel Fritz Langs.»[139] Lang hatte einmal gefordert, der Film solle Ausdruck der Zeit sein; diesen hohen Anspruch erfüllten *Spione* und *Frau im Mond* offensichtlich nicht und *Metropolis* nur zum Teil: Zwischen den kühnen Maschinen und grandiosen Bauten bewegten sich Menschen, die nicht dem Leben abgeschaut, sondern vergangener Illustriertenromantik nachgebildet waren. Kurt Pinthus fragte, ob von diesem Regisseur noch Fortschritte zu erwarten seien, und kam zu dem harten Urteil: «Langs Riesenfilme zeigen stets nur stilisiertes Milieu, aber niemals eine sinnvolle Substanz.»[140] Lang muß diesen Mangel gespürt haben; in den zwischen 1925 und 1930 veröffentlichten Interviews und Zeitungsartikeln gibt er immer wieder Hinweise auf *filmisches Neuland, das es zu erobern gilt*. Schon während der Vorbereitungen zu *Metropolis* sagte er einem Journalisten, daß *der Film die Möglichkeit hat, seelische Vorgänge bloßzulegen und so die nackten Geschehnisse psychologisch zu fundieren*[141]. Nach den *großen Fresken* sollten nun der Mensch und seine inneren Beweggründe in den Mittelpunkt rücken. Lang mußte sich dazu von der Statik und Stilisierung, die in dekorativen Ornamenten Ausdruck fand, befreien – es war eine Wendung zum Realismus, die von der technischen Neuerung Tonfilm begünstigt wurde. Er versuchte einen Neuanfang und schuf sogleich ein Meisterwerk: *M – Eine Stadt sucht einen Mörder*. In der Rückschau gab er eine einfache Erklärung: *Ich wollte von solchen Monsterfilmen wie «Metropolis» oder «Frau im Mond» wegkommen, ich wollte einen intimeren, einen tiefergehenden Film machen.*[142]

Der unabhängige Produzent Seymour Nebenzal, dessen Firma Nero-Film «Die Büchse der Pandora» und «Die Dreigroschenoper», beide inszeniert von G. W. Pabst, produziert hatte, ließ Lang völlige Freiheit sowohl bei der Wahl des Themas wie der künstlerischen Gestaltung. Schon früher hatte dieser als Leitbild *die Film-Reportage* genannt, und um *dem Lebensrhythmus unserer Tage, der Sachlichkeit der Zeitepoche, durch die wir eben durchgehen, zu entsprechen*, sollte der Film *rein auf Tatsachenberichte* aufgebaut werden.[143] Sein Leben lang *ein mehr als aufmerksamer Zeitungsleser*[144], fand er in aktuellen Presseberichten ein geeignetes Sujet: Kindesmord. Er recherchierte wie ein Journalist, informierte sich bei der Kriminalpolizei über Fahndungsmethoden und ließ sich von Psychiatern über die Mentalität von Triebtätern aufklären. Das Ergebnis seiner Recherchen: *Nimmt man sich die Mühe, über einen großen Mordfall der letzten Jahre, wie z. B. den grauenhaften Doppelmord an den Geschwistern Fehse in Breslau, oder den Fall Husmann, oder den Fall der kleinen Hilde Zäpernick, drei noch heute unaufgeklärte Kriminalfälle, nachträglich die Berichte der Zeitungen genau durchzulesen, so wird man in den meisten Fällen eine sonderbare Übereinstimmung der Geschehnisse finden, eine fast gesetzmäßig sich wiederholende Erscheinung der Begleitumstände, wie die entsetzliche Angstpsychose der Bevölkerung, die Selbstbezichtigung geistig Minderwertiger, Denunziationen, in denen sich der Haß und die ganze Eifersucht, die sich in jahrelangem Nebeneinanderle-*

Fritz Lang mit Thea von Harbou und Fritz Arno Wagner bei der Arbeit an «M», 1930/31

ben aufgespeichert hat, zu entladen scheinen, Versuche zur Irreführung der Kriminalpolizei, teils aus böswilligen Motiven, teils aus Übereifer. Lang ging es um *das Herausschälen von typischen Dingen und die Typisierung des Mörders*; nicht ein bestimmter Fall wurde als Dokumentarspiel nachgezeichnet. Der Film sollte *über die Aufgabe der künstlerischen Reproduktion von Geschehnissen hinauswachsen.*[145]

Berlin, um 1930. Ein Mörder, der es auf kleine Mädchen abgesehen hat, beunruhigt die Bevölkerung. Die fieberhafte Suche der Polizei scheucht die Unterwelt auf; durch die ständigen Razzien verunsichert, nehmen die im Ringverein organisierten Kriminellen ihrerseits die Jagd nach dem Mörder auf. Unterstützt werden sie von den Bettlern und Stadtstreichern. In dem Augenblick, in dem die Polizei den Täter identifiziert, erkennt ein blinder Straßenhändler den Mörder: Der Mann hatte einem der ermordeten Kinder einen Luftballon gekauft und dabei eine Melodie von Grieg gepfiffen. Der Straßenhändler kennzeichnet den Mörder mit einem großen M aus Kreide auf dem Rücken und informiert den Ringverein. Die organisierten Verbrecher, angeführt vom Schränker, stellen den Mörder in einem großen Verwaltungsgebäude, bringen ihn in eine verlassene Fabrik und halten dort Gericht über ihn. Der Schränker, gespielt von Gustaf Gründgens, verlangt als Ankläger die Todesstrafe. Verzweifelt beschreibt der Mörder, wie er unter Zwang und Schizophrenie leidet: «*Immer muß ich durch Straßen gehen und immer spür ich, es ist einer hinter mir her. Das bin ich selber! Manchmal ist mir, als ob ich selber hinter mir herliefe! Aber ich kann nicht! Kann mir nicht entkommen! Muß, muß den Weg gehen, den es mich jagt!*»[146] Die Verhandlung mündet in einem turbulenten Chaos; im letzten Moment erscheint die Polizei und verhindert der Lynchjustiz.

Bei der Uraufführung am 11. Mai 1931 wurde noch die ordentliche Gerichtsverhandlung gegen den Mörder gezeigt; diese Szene wurde später entfernt und übrig blieb nur der Satz einer Mutter aus dem off: «*Man muß halt besser uffpassen uff de Kleenen!*» Auf diese allgemeine Warnung beschränkte sich Lang auch in Artikeln und Interviews zur Filmpremiere. Der Schluß wurde als unbefriedigend empfunden, als «Bekenntnisfeigheit» und «Taschenspieler-Geschicklichkeit, mit der eine prägnante Stellungnahme zum Problem des ‹Mörders aus innerem Zwang› umgangen wurde»[147]. Die linksliberale Presse warf Lang rasche Konjunkturausnutzung drei Wochen nach dem Prozeß des Massenmörders Kürten vor; man kritisierte, die Anklagerede des Schränkers sei ein Plädoyer für die Todesstrafe, so recht nach dem Geschmack des gesunden Volksempfindens. Ein unhaltbarer Vorwurf: Die Szene konfrontiert einen Berufskiller, wegen dreifachen Mordes gesucht, mit einem Triebtäter, und schon die schauspielerische Leistung Peter Lorres, den Lang für den Film entdeckte, verhindert die befürchtete Wirkung. Zeitungen anderer politischer Richtung sahen in der Mitgefühl erregenden Selbstdarstellung des Mörders eine moralische Gefahr und riefen nach der Zensur.[148] Lang hat keinen Tendenzfilm für oder wider die Todesstrafe geschaffen, sondern er setzt den Zuschauer widersprüchlichen Emotionen und Ängsten aus. Sexualverbrechen und Mord an kleinen Kindern erwecken Grauen und

Ekel, die Verfolgung erregt Jagdfieber. *Während sich jedoch das Netz um den Mörder immer enger zusammenzieht, empfinden wir ein wachsendes Gefühl des Mitleids ihm gegenüber, ja sogar der Sympathie ... Existiert nicht, tief verwurzelt in uns, die Angst, daß in gewissen Situationen jeder von uns zum Mörder werden könnte?*[149] Der Mörder ist keine Mabuse-

Figur, kein Monster; er ist dick, verweichlicht, ein infantiler Kleinbürger. Diesmal konnte der Regisseur Lang auch unter dem Aspekt Rollenbesetzung und Schauspielerführung überzeugen: Lorres Darstellung ist der geglückte Versuch, *Zugang zu der Person des Mörders zu finden, aus ihm ein menschliches Wesen zu machen, das von irgendeinem Dämon besessen ist, der ihn über die normalen Grenzen des Verhaltens hinaustreibt.*

M, Langs erster Tonfilm, wurde von der Fachpresse sogleich als eine Leistung erkannt, «die der internationalen Tonfilmkunst einen neuen Standard absteckt»[150]. Die frühen Tonfilm-Experimente erbrachten einen deutlichen Rückschritt gegenüber der hochentwickelten Stummfilmkultur; fasziniert von den neuen technischen Möglichkeiten wurde unbedacht jede Szene mit Musik und Geräuschen illustriert. Fritz Langs Überlegung ging von alltäglichen Beobachtungen aus: Der Besucher eines Straßencafés, der eine Zeitung liest oder in ein Gespräch vertieft ist, nimmt die Geräusche der Straße kaum wahr. Also konnte man eine solche Konversation filmisch darstellen, ohne dem Dialog Straßenlärm zu unterlegen. Lang verzichtete auf eine naturalistische Geräuschkulisse und setzte den Ton als *dramaturgisches Mittel* ein: *In «M» zum Beispiel, wenn die Stille von Straßen (das optionelle Straßengeräusch ließ ich absichtlich weg) plötzlich durch schrille Polizeipfiffe zerrissen wird, oder das unmelodische, immer wiederkehrende Pfeifen des Kindermörders, das seinen Triebgefühlen wortlos Ausdruck gibt.*[151] Die ungebrochene Suggestivkraft des Films beruht auf der Abfolge von Szenen, in denen Bild und Ton sinnfällig integriert oder kontrapunktisch verbunden sind. Fritz Lang wählte eine indirekte Erzählweise. Der Zuschauer wird einbezogen und seine Wahrnehmung aktiviert, weil er die Sequenz verschiedener Einstellungen zu einer Aussage kombinieren muß. Zugleich vermittelt der Rhythmus der Montage, die raffende Verknüpfung, etwas von der Hektik und Beunruhigung, die über der Stadt liegt. Der Filmanfang mag hier als Beispiel dienen: *M* beginnt mit einer Schwarzblende, während der ein Mädchen scharf akzentuiert und mit Raumhall einen Abzählvers spricht: «*Warte, warte nur ein Weilchen, bald kommt der schwarze Mann zu dir ...*» Mit dieser ersten Einstellung wird eine Ahnung des kommenden Grauens hervorgerufen. Das Bild blendet auf, man sieht eine Gruppe spielender Kinder, eine Hausfrau bei der Arbeit, ein kleines Mädchen auf dem Heimweg. Sie läßt ihren Ball gegen eine Litfaßsäule springen. Die Kamera schwenkt hoch und erfaßt ein Polizeiplakat (10 000 Mark Belohnung für die Ergreifung des Kindermörders), darüber schiebt sich der Schatten eines Mannes, der das Mädchen anspricht. Während die Frau das Mittagessen vorbereitet, kauft der Mann dem Kind einen Luftballon und pfeift dabei das Grieg-Motiv. Die folgenden Einstellungen zeigen die wartende Mutter und ihre ständig wachsende Unruhe. Sie öffnet das Fenster, und während sie den Namen des Kindes ruft, sehen wir nacheinander das leere Treppenhaus, den leeren Dachboden, den leeren Platz am Küchentisch. Durch die folgenden Einstellungen – der Ball des Mädchens rollt langsam aus dem Gebüsch, der Luftballon verfängt sich an einem Telegrafenmast – weiß der Zuschauer: Der Mörder hat ein neues Opfer gefunden. In filmhistorischer Perspektive markiert die Szene die Überführung der expressionistischen Bildsprache in die Neue Sachlichkeit. Der in den Telegrafendrähten zappelnde Ballon wurde als skurriles Abbild der Seele des toten Mädchens empfunden. Der Film verwendet eindrucksvolle Symbole und Metaphern – der Mörder vor dem Schaufenster eines Stahlwarengeschäfts, die ausgestellten Messer, eine rotierende Spirale, ein auf und nieder sausender Pfeil verweisen auf seine unruhige Triebhaftigkeit –, die der alltäglichen Realität entnommen sind. Phantastische Erscheinungen (noch in *Metropolis* taucht der Sensenmann auf) haben keinen Platz in *M*.

Die Erzähltechnik kann man (mit Blick auf Brecht) episch nennen: Der Handlungsverlauf wird unterbrochen durch situationsschildernde Passagen, Reportagen über Denunziantentum und Massenhysterie oder über die akribische Ermittlungsarbeit der Polizei. Solche Bildsequenzen werden funktional verzahnt durch den Ton, indem Lang *einen Satz vom Schluß einer Szene auf den Anfang der nächsten überlappen ließ, was nicht nur das Tempo des Films beschleunigt, sondern auch die dramaturgisch notwendige Gedankenassoziation zweier aufeinanderfolgender Szenen verstärkt*[152]. Höhepunkt ist eine Parallelmontage: Bei ihrer Lagebesprechung werden die beiden konkurrierenden Organisationen, Ringverein und Polizei, ineinander geschnitten und der Montage ein Gesamtdialog unterlegt: Ein Ganove beginnt einen Satz, es folgt ein Schnitt, ein Kriminalbeamter beendet den Satz. Gleiche Gesten, die gleiche Kameraposition und ein ähnlicher Raum unterstützen die Parallelität des Geschehens. Kriminalkommissare und schwere Jungs als «Vertreter zweier solid bürgerlicher Berufe, die im Begehen und Verhindern strafbarer Handlungen ihr täglich Brot finden»[153], beide Ordnungsmächte des Staates: Unverkennbar hat Brechts «Dreigroschenoper» hier Wirkung gezeigt. Die Kriminellen, mit Publikumslieblingen wie Theo Lingen besetzt, werden als Kleinbürger mit ausgeprägtem Ehrgefühl porträtiert, «Gründgens spielt den Schränker als ihren Boss mit Ambitionen zum Bourgeois»[154]. Auch wenn Lang auf einen authentischen Fall verweisen konnte – die Idee, daß die Verbrecherwelt sich auf Mörderjagd begibt, entstammt dem Tatsachenbericht einer Zeitung –, er romantisiert das Ganovenmilieu und hat offensichtlich Amüsement daran.

Man hat im identischen Handeln von Verbrechersyndikat und Staatsorganen politische Prophetie, die Vorwegnahme des faschistischen Terrorsystems sehen wollen – Lang hat dies sicher nicht beabsichtigt, aber noch vor Drehbeginn kam es zu einem aufschlußreichen Mißverständnis. Der Arbeitstitel lautete *Mörder unter uns*, die Fachorgane der Filmwirtschaft brachten eine entsprechende Notiz. Während der Vorbereitungen tauchten unerwartete Schwierigkeiten auf: *Ich erhielt anonyme Briefe und man wollte mich nicht in das Studio draußen in Staaken hineinlassen. Es wurde mir gesagt, man würde das Atelier für einen Film, der «Mörder unter uns» heißt, nicht vermieten ... Keiner wollte mir etwas Bestimmtes sagen. Schließlich fragte ich, was die Leute denn gegen einen Kindermörder-Film hätten – woraufhin die Gegenseite nun wieder sehr erstaunt war. Die hatten*

Peter Lorre in «M»
Der Mörder und sein Opfer

Thea von Harbou, um 1932

geglaubt, es handle sich um einen Angriff gegen die Nazis ...[155] An diesem Tag, so Lang später, sei er politisch mündig geworden. Und als der Produzent Nebenzal, der an den früheren Erfolg anknüpfen wollte, ihm eine Mabuse-Fortsetzung vorschlug, sah er eine Möglichkeit, *wie in einem Gleichnis Hitlers Terrormethoden aufzuzeigen. Die Parolen und Glaubensartikel des Dritten Reiches sind hier Verbrechern in den Mund gelegt. Damit hoffte ich, diesen Lehren, hinter denen sich der Wille zur Zerstörung alles dessen verbarg, was einem Volk wert und teuer ist, die Maske abzureißen.*[156] Diese Selbstinterpretation stammt aus dem Jahre 1943; Skepsis gegenüber dieser nachträglichen Deutung erscheint angebracht, allein schon deshalb, weil die Drehbuchautorin Thea von Harbou mit den Nazis sympathisierte, ohne jedoch Mitglied der Partei zu sein. Lang wollte auf ihre Mitarbeit nicht verzichten, obwohl man sich privat getrennt hatte: Das Ehepaar lebte in Scheidung. Lang hat zeitlebens alle Auskünfte über dieses Thema verweigert und sich auf den Satz beschränkt, man sei auf anständige Art und Weise auseinandergegangen. (Seit dem Ende der Stummfilmära hatte Thea von Harbou, von der Zusammenarbeit mit Lang abgesehen, nur an zweitklassigen Filmen mitgewirkt. Sie schrieb die Drehbücher «Der Läufer von Marathon», eine während der Olympiade spielende Liebesgeschichte, und «Das erste Recht des Kindes», Untertitel «Aus dem Tagebuch einer Frauenärztin». Außerdem hatte sie Regie-Ambitionen.) Aber intuitiv ist in *Das Testament des Dr. Mabuse* zweifellos das Aufkommen der Nazi-Herrschaft erfaßt worden. Lang schrieb an Norbert Jacques, der die Mabuse-Figur erfunden hatte, man plane mit der Fortsetzung *etwas Zeitverbundenes*. In einem Werbetext hatte der Verleih zehn Jahre zuvor zur Premiere von *Dr. Mabuse, der Spieler* behauptet: «Dieser Dr. Mabuse ... war 1910 undenkbar und wird 1930 vielleicht nicht mehr möglich sein – das wollen wir hoffen, möchte man sagen.»[157] Diese Hoffnung hatte getrogen. Angesichts der Wirtschaftsdepression und der politischen Instabilität der Weimarer Republik, der mobilisierten Massen, die sich offene Straßenschlachten lieferten, den SA- und SS-Überfällen und Putschversuchen, denen die rasch wechselnden Regierungen durch Notverordnungen Herr zu werden suchten, angesichts des von Unsicherheit und Angst geprägten gesellschaftlichen Klimas mußte, selbst wenn Lang die politische Analogie nicht bewußt war, Mabuse als höchst zeitgemäße Figur erscheinen.

Im ersten «Mabuse»-Film war der diabolische Verbrecher am Ende nicht (wie in der Romanvorlage) gestorben, sondern wurde in eine Irrenanstalt eingeliefert. Von dort aus treibt er nun sein Unwesen. Den Arzt und Anstaltsleiter hat er mit Hilfe hypnotischen Zwangs zu seinem Werkzeug gemacht, um einen ebenso genialen wie wahnsinnigen Plan zu verwirklichen: Sabotage- und Terrorakte sollen die Ordnung unterminieren und zerstören, um auf dem Chaos *die Herrschaft des Verbrechens* zu errichten: «*Die Seele des Menschen muß in ihren tiefsten Tiefen verängstigt werden durch unerforschliche und scheinbar sinnlose Verbrechen, Verbrechen, die niemandem Nutzen bringen, die nur den einen Sinn haben, Angst und Schrecken zu verbreiten.*» Es ist ein mit Raffinement inszenierter Kriminalfilm, in dem unschwer Motive, die Lang zeitlebens fasziniert haben, wiederzuerkennen sind: klaustrophobische Ängste in geschlossenen Räumen, magische Kommunikation mittels Hypnose oder technischer Apparate, rätselhafte Zeichen und ihre Dechiffrierung. Auch die beiden Gegenspieler sind Figuren aus früheren Filmen; Mabuse aus dem zehn Jahre zuvor gedrehten Stummfilm und Kommissar Lohmann aus *M*. Beide Filmstile vermischen sich in *Das Testament des Dr. Mabuse*: Die generalstabsmäßig organisierten Aktionen der Verbrecherbande und das Zusammenziehen des Verfolgernetzes werden virtuos dargestellt mit den bei *M* erprobten neuen ästhetischen Möglichkeiten; in der Welt Mabuses, der in der Zelle stumm und dumpf brütend seine Botschaften aufzeichnet, dominieren die visuellen Effekte des expressionistischen Films. In der Figur des Psychiaters laufen beide Linien zusammen; seine gespaltene Existenz wird durch Doppelbelichtungen sichtbar.

Gedreht wurde im Sommer und Herbst 1932, die Uraufführung sollte am 24. März 1933 stattfinden. Der Werbevorspann lief bereits in den Kinos, als einen Tag vor der geplanten Premiere das Branchenorgan «Der Kinematograph» mitteilte: «Die für Freitag im Ufa-Palast am Zoo angesetzte Premiere des Fritz-Lang-Films *Das Testament des Dr. Mabuse* ist

Rudolf Klein-Rogge in «Das Testament des Dr. Mabuse»

verschoben worden. Dafür gelangt am Freitag der Film ‹Blutendes Deutschland. Der Film der nationalen Erhebung. Dem deutschen Volk gewidmet› zur Uraufführung. Die Aufführung des Fritz-Lang-Films, der heute der Kammer zur Zensur vorgeführt wird, wird auf einen späteren, noch zu bestimmenden Termin verschoben.» Am 26. März brachte die «Filmwelt», die größte deutsche Publikumszeitschrift, auf dem Titelblatt ein Filmfoto. Vier Tage darauf meldete «Der Kinematograph»: «Der Nero-Film *Das Testament des Dr. Mabuse* ist gestern von der Filmprüfstelle Berlin unter dem Vorsitz von Regierungsrat Zimmermann aus den gesetzlichen Verbotsgründen der Gefährdung der öffentlichen Ordnung und Sicherheit verboten worden.» Augenzeugenberichten zufolge soll Goebbels nach der Vorführung des Films gesagt haben: «Ich werde ihn deshalb verbieten, weil er beweist, daß eine bis zum Äußersten entschlossene Gruppe von Männern, wenn sie es nur ernstlich will, durchaus dazu imstande ist, jeden Staat aus den Angeln zu heben.»

Knapp sechs Wochen nach der nationalsozialistischen Machtergreifung wurde das Reichsministerium für Volksaufklärung und Propaganda geschaffen; als Aufgabe seines Amtes nannte Joseph Goebbels die ideologische Absicherung des NS-Regimes: «Es soll dazu dienen, unsere Macht geistig zu unterbauen und nicht nur den Staatsapparat, sondern das Volk insgesamt zu erobern.»[158] Das Propagandaministerium steuerte zentral alle Kulturbereiche; es wurde auch eine Filmabteilung eingerichtet, denn Goebbels sah im Kino «eines der modernsten Massen-Beeinflussungsmittel»[159]. Zwei Wochen nach Gründung des Ministeriums, einen Tag vor dem Verbot von *Das Testament des Dr. Mabuse*, hielt Goebbels am

Fritz Lang, 1929

28. März im Kaiserhof vor Vertretern der Filmwirtschaft eine programmatische Rede, in der er um «vertrauensvolle Zusammenarbeit» warb. Er stellte die neue Regierung als «im tiefsten Herzen filmfreundlich» vor, bezeichnete sich selbst als einen «leidenschaftlichen Liebhaber der filmischen Kunst» und führte dann vier Filme auf, die einen unauslöschlichen Eindruck auf ihn gemacht hätten: «Panzerkreuzer Potemkin», «Anna Karenina», «Der Rebell» und *Die Nibelungen*. Die Zuhörer müssen höchst verblüfft gewesen sein: Goebbels erwähnte einen kommunistischen Film als vorbildhaft, und an allen vier Filmen waren jüdische Regisseure und Schauspieler maßgeblich beteiligt. Am Schluß der Rede fielen Sätze, die nicht staatliche Lenkung, sondern liberale Kulturpolitik verhießen: «Wir wollen den Film nicht einengen und dem Filmschaffen Grenzen ziehen. Wir lehnen einen autoritären Doktrinismus ab... Man soll nicht von früh bis spät in Gesinnung machen. Wir empfinden dafür selbst zu leicht, zu künstlerisch. Die Kunst ist frei und die Kunst soll frei bleiben, allerdings muß sie sich an bestimmte Normen gewöhnen.»[160] Mit dem heutigen Wissen um die brutalen Unterdrückungs- und Verfolgungsmaßnahmen des NS-Regimes erscheint dieses Bekenntnis zur Freiheit der Kunst als verlogene Demagogie und blanker Zynismus – die anwesenden Filmleute im Kaiserhof muß es verwirrt haben. Fritz Lang, nach Nazi-Definition Halbjude, war unter den Zuhörern, sein *Mabuse*-Film war der erste Verbotsfall. Unter diesen Vorzeichen fand in den folgenden Tagen ein Gespräch zwischen dem Regisseur und dem Propagandaminister unter vier Augen statt. Von der Begegnung gibt es verschiedene, sich widersprechende Versionen. Es kann durchaus sein, daß Lang, beeindruckt von den liberalen Worten, um die Unterredung gebeten hatte, um seinen Film doch noch freizubekommen. Aber es ist ebenfalls glaubwürdig, daß Goebbels ihn zu sich beorderte, denn in seiner Rede wurde auch die personelle Krise des deutschen Films angesprochen. Offensichtlich hat Lang später in Interviews die Geschichte ausgeschmückt; zitiert sei deshalb die knappe Darstellung in der autobiographischen Skizze: *Ich wurde zu Goebbels gerufen, nicht, wie ich fürchtete, um Rechenschaft über meinen Film abzulegen, sondern, zu meinem Erstaunen, um mir vom Reichspropagandaminister erzählen zu lassen, Hitler habe ihn beauftragt, mir die Leitungsposition der deutschen Filmindustrie anzubieten. «Der Führer hat Ihren Film ‹Metropolis› gesehen und gesagt: ‹Das ist der Mann, der uns den nationalsozialistischen Film schenken wird!›» Ich verließ Deutschland am selben Abend. Das Gespräch mit Goebbels hatte bis halb drei nachmittags gedauert; währenddessen hatten die Banken bereits geschlossen, und ich konnte kein Geld mitnehmen. Ich hatte zu Hause gerade genug, um mir eine Fahrkarte nach Paris zu kaufen, und kam praktisch ohne einen Pfennig am Gare du Nord an.*[161]

Fritz Lang war weitsichtig genug, Goebbels' Angebot nicht anzunehmen und zu emigrieren – seine Filmarbeit hätte er in der braunen Diktatur nicht fortsetzen können. *Das Testament des Dr. Mabuse* durfte nicht vorgeführt werden, weil der Film das Gewalt- und Machtmonopol des Staates in Frage stellte; *M* wurde verboten, weil die Darstellung von Triebtätern und psychisch Kranken im Dritten Reich tabuisiert war. In den Filmbüchern jener Jahre tauchen beide Titel nicht auf, aber andere Lang-Filme konnte man schlecht verschweigen. Ein Vertreter der «verjudeten Sumpfkultur der Systemzeit», der Deutschland verließ und im Ausland antifaschistische Positionen bezog, war zugleich Schöpfer von Hitlers Lieblingsfilmen. Dieser Widerspruch bedurfte einer Erklärung. Hier ein Auszug aus einer 1943 zum fünfundzwanzigjährigen Ufa-Jubiläum erschienenen Publikation: «Im Schatten der von Juden und Geschäftemachern erfüllten Glashallen konnten sich aber wertbeständige deutsche Künstler langsam vorarbeiten. In manchen Filmen brachen der rein künstlerische Blick eines deutschen Kameramannes, das saubere und tapfere Herz deutscher Schauspieler und Schauspielerinnen oder der Gestaltungswille deutscher Statisten durch ... So steht der Film *Nibelungen* vor uns, der mitten in dieser Periode gedreht wurde. Der Regisseur und der Produktionsleiter konnten hier der unbändigen Kraft des deutschen Waldes, der deutschen Burgen, der deutschen Sagen keinen Abbruch tun. Sie wurden im Gegenteil von dieser Kraft mit hochgerissen. Im Gegenstück, etwa dem Film *Dr. Mabuse*, in der Darstellung des großen Spielers und Verbrechers, überwand die internationale und jüdische Scheinwelt der Macht, des Goldes und der Spekulation, der rücksichtslosen Ausnutzung der wirtschaftlichen Überlegenheit und des geschäftlichen Tricks deutsche Schauspieler und zwang sie in ihre agitorische Gewalt ... Wenn dann aber wieder drei deutsche Architekten im Film *Der müde Tod* Licht und Schatten, die Linien der berauschenden Schönheit von Bauten und Landschaft offenbarten, dann hatte sich wieder deutsches Wesen durchgesetzt.»[162]

Jene, die angeblich für deutsches Wesen in Langs Filmen gesorgt hatten, dienten nun bereitwillig der faschistischen Filmpropaganda. Heinrich George hatte in *Metropolis* den Arbeiterführer gespielt und ließ sich für «Hitlerjunge Quex» engagieren; Otto Wernicke, Kommissar Lohmann in *M* und *Das Testament des Dr. Mabuse*, übernahm eine Hauptrolle in «SA-Mann Brand». Der Architekt Otto Hunte, der die Bauten für *Dr. Mabuse, der Spieler, Die Nibelungen, Metropolis* und andere Lang-Filme schuf, gab sich für den antisemitischen Hetzfilm «Jud Süß» her, an dem auch Karl Vollbrecht, Ausstatter von *Die Nibelungen* und *Metropolis*, mitarbeitete. Fritz Arno Wagner, dessen subtile Kameraführung und Lichtgebung in *Der müde Tod, Spione, M* und *Das Testament des Dr. Mabuse* bewundert wurde, stellte seine künstlerischen Fähigkeiten für den antibritischen Historienfilm «Ohm Krüger» zur Verfügung. Diese Liste ließe sich um weitere Namen verlängern. Thea von Harbou erreichte ihr Ziel und führte selbst Regie; in «Elisabeth und der Narr» und «Hanneles Himmelfahrt», 1933 bzw. 1934, verschaffte sie Rudolf Klein-Rogge Hauptrollen. Sie wurde im Dritten Reich eine vielbeschäftigte Drehbuchautorin, die mit erstaunlichem dramaturgischem Geschick fremde Stoffvorlagen so zu bearbeiten verstand, daß sie nationalsozialistisches Gedankengut transportierten. Als Beispiel sei hier «Der Herrscher» genannt: Gerhart Hauptmanns unpolitisches Drama «Vor Sonnenunter-

Um 1931

gang» wurde in der Drehbuch-Einrichtung Thea von Harbous und in der Regie Veit Harlans zu einer Huldigung an das Führerprinzip und die Volksgemeinschaftsideologie. «Der Herrscher» bekam das Prädikat «Staatspolitisch und künstlerisch besonders wertvoll» und wurde mit dem Nationalen Filmpreis 1937 ausgezeichnet; als Schauspieler waren unter anderem Rudolf Klein-Rogge und Theodor Loos (Gunther in den *Nibelungen*, Kommissar Groeber in *M*) am Erfolg beteiligt. Nach 1945 schrieb Thea von Harbou weiter Illustriertenromane und Drehbücher; ihre letzten Filme hießen «Dr. Holl» (1951) und «Dein Herz ist meine Heimat» (1953). Sie starb am 1. Juli 1954. Fritz Lang, in den fünfziger Jahren mehrfach in Deutschland, hat sie nicht aufgesucht.

Sozialkritik und Schicksalsdrama

In Paris traf Fritz Lang Erich Pommer, der in den letzten Jahren wieder in Deutschland als Produzent gearbeitet hatte, aber gleich nach der Machtergreifung Hitlers das Land verließ. Er wurde Leiter der europäischen Abteilung der Fox-Produktion. Sein erstes Projekt: eine Verfilmung von Ferenc Molnárs vielgespieltem Theaterstück «Liliom». Die Regie übertrug er Fritz Lang.

Zusammen mit Robert Liebmann, Co-Autor von Pommers erfolgreichen Tonfilm-Produktionen «Der blaue Engel» und «Der Kongreß tanzt», schrieb Lang das Drehbuch. Man verlegte Molnárs Geschichte nach Paris und engagierte Charles Boyer für die Titelrolle. Liliom, Jahrmarktsausrufer bei einem Karussellunternehmen, ist ein ebenso charmanter wie leichtsinniger Vorstadt-Casanova. Er gibt seine Stellung wegen des Dienstmädchens Julie auf, das ein Kind von ihm erwartet. Arbeitslos und ohne Zukunftsaussichten läßt er sich zu einem Raubüberfall verleiten. Der Plan mißlingt, auf der Flucht vor der Polizei begeht Liliom Selbstmord. – Erst nach sechzehn Jahren Höllenfeuer darf er in Begleitung zweier Engel seine Tochter besuchen. Als Fremder spricht er sie an und lenkt das Gespräch auf ihren Vater; unbeherrscht und erregt ohrfeigt er schließlich sein Kind. Der Unterteufel triumphiert, die Engel konstatieren Liliom Versagen: ein unverbesserlicher Mensch. Doch die Mutter verteidigt Liliom, Julies Tränen wiegen seine Schuld auf.

Mit Witz und Ironie versetzte Lang irdische Verhältnisse in den Himmel; die Spiegelung nutzte er zu satirischen Seitenhieben. Die Aufnahmestation im Himmel entspricht bis ins Detail der Polizeiwache auf Erden: Der Himmelswärter liest Zeitung, fertigt unwillig die Klienten ab, kurz: er legt ein typisches Beamten- und Bürokraten-Verhalten an den Tag. Auch in den Figuren herrschen Entsprechungen zwischen beiden Welten. Der mystische Scherenschleifer, der während des mißglückten Überfalls Liliom Aufmerksamkeit auf sich gezogen hatte, erweist sich als Schutzengel. Diese Rolle wurde gespielt von Antonin Artaud, dem surrealistischen Schriftsteller und Schöpfer eines «Theaters der Grausamkeit». Berühmt wurde die von unten aufgenommene Sequenz, in der zwei schwarzgekleidete Gestalten Liliom unterfassen und mit ihm in den Himmel aufsteigen; diese Szene regte Jean Cocteau zu seinem Film «Orphée» an. *Liliom* ist ein leichtgewichtiges Gegenstück zu dem tiefer gehenden, mit dem Geist der deutschen Romantik beschwerten Stummfilm *Der*

Himmelsszene aus «Liliom»

müde Tod: In Form der Legende wird die Frage gestellt, ob die Macht der Liebe den Tod besiegen kann. Als Lustspiel steht *Liliom* isoliert in Langs Schaffen. Vom Regisseur zu seinen besten Arbeiten gerechnet, wurde der Film ein Mißerfolg beim Publikum. Lang berichtete, bei der Kinopremiere (Mai 1934) sei im zweiten Teil die Stimmung umgeschlagen: *Die Zuschauer fühlten mit Liliom und seiner Frau; sie wollten ein Drama und bekamen eine Tragikomödie.*[163]

Einen Monat später, am 6. Juni 1934, verließ Lang Europa und schiffte sich nach Amerika ein. Zuvor hatte er einen Vertrag mit Metro-Goldwyn-Mayer (MGM) unterzeichnet. David O. Selznik, Vizepräsident der amerikanischen Produktionsfirma, verpflichtete in Paris neben Lang gleich mehrere Emigranten – «Deutschlands Verlust ist Amerikas Gewinn», verkündete er gegenüber der Presse. Schon in den zwanziger Jahren waren Ernst Lubitsch und Friedrich Wilhelm Murnau in die USA gegangen. Nach Hitlers Machtergreifung verließen Billy Wilder, Robert Siodmak und Hans Detlef Sierck (Douglas Sirk) die deutsche Filmindustrie und setzten ihre Karriere in Hollywood fort. Joe May wurde in Amerika ein vielbeschäftigter Drehbuchautor für Unterhaltungsfilme. Unter den Schauspielern schaffte allein Peter Lorre den Durchbruch.

George Cukor, ebenfalls von Selznik engagiert, schilderte seinen Eindruck von der Überfahrt: «Fritz Lang hätte ein Diplomat sein können. Er gab sich sehr förmlich und vornehm. Er hatte seine eigene Art von Humor und eine komische Lebensauffassung. Lang verfügte über ungeheures Ansehen und Autorität.»[164] Hier deutet sich schon an, daß Langs Verhalten und äußeres Erscheinungsbild (weiterhin trug er Monokel) dem american way of life kaum entsprachen. Rasch galt er bei dem MGM-Personal als arrogant und anmaßend, war als «teutonisch» verschrien.

Fritz Lang, der über keine englischen Sprachkenntnisse verfügte, war gekommen mit dem Willen, sich zu integrieren. *Zu jener Zeit weigerte ich mich, auch nur ein Wort deutsch zu reden. (Ich war schrecklich verletzt, nicht persönlich, von dem, was in Deutschland vorging – ich liebte das Land sehr, meine Wurzeln sind dort – und von dem, was man der deutschen Sprache angetan hatte.) Ich las nur noch englisch. Ich las eine Menge Zeitungen und ich las comic strips, von denen ich viel lernte ... Ich bekam einen Einblick in den amerikanischen Charakter, in den amerikanischen Humor, und ich lernte slang. Ich fuhr im Land herum und versuchte, mit jedermann ins Gespräch zu kommen. So bekam ich ein sicheres Gefühl davon, was man amerikanische Atmosphäre nennen kann.*[165]

Diese privaten Amerika-Studien waren der positive Ertrag einer Zeit, in der Lang zur Untätigkeit verdammt war. Unter Vertrag bei MGM schrieb er sechs Szenarios (darunter eine moderne Variation des Dr. Jekyll/Mr. Hyde-Themas und ein Melodram vor dem Hintergrund des Ersten Weltkriegs), und Pressemeldungen kündigten immer wieder neue Filmprojekte an, aber keiner dieser Pläne wurde von der Produktionsleitung zur Realisation freigegeben. Selznik hatte inzwischen MGM verlassen und eine eigene Firma gegründet. Mit dem konservativen MGM-Produktionschef und Miteigentümer Louis B. Mayer gab es unerfreuliche Zusammenstöße. Als Langs Einjahresvertrag auslief, beschloß die Firmenleitung, ihn nicht zu verlängern; Edgar J. Mannix, einer der MGM-Vizepräsidenten, teilte dem Regisseur diese Absicht mit. Doch Lang kämpfte um eine Chance und setzte durch, daß ihm die Regie von *Fury* (Fanatismus) übertragen wurde. *Fury* ist nach dem übereinstimmenden Urteil der Filmhistoriker Langs bester amerikanischer Film.

Ab September 1935 arbeitete Lang zusammen mit Bartlett Cormack

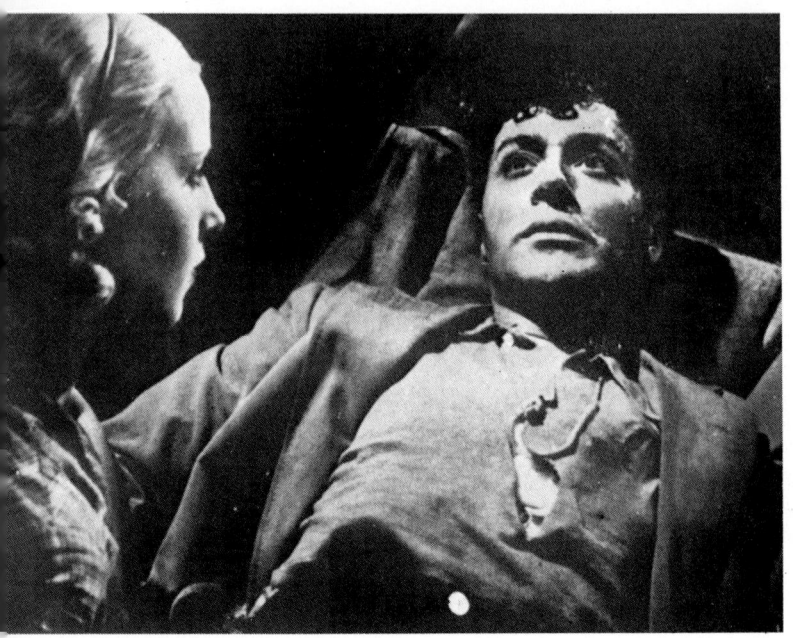

Charles Boyer und Madeleine Ozeray in «Liliom», 1934

am Drehbuch; Grundlage war eine von Norman Krasna verfaßte Erzählung. Zwar waren seine Sprachkenntnisse längst noch nicht perfekt, doch Lang, der als Szenarist begann, nahm sich immer die Freiheit, am Drehbuch mitzuarbeiten: Er halte sich für einen *guten Skript-Doktor*, so Lang im Interview.[166] Gern zitierte er die Auffassung des Autors Dudley Nichols: Das Drehbuch sei nur ein Entwurf, der Regisseur mache den Film. Die Zeitungslektüre kam Lang bei den Vorarbeiten zu *Fury* zustatten, er hatte Berichte über Lynchjustiz gesammelt. Wie schon mit *M* oder *Dr. Mabuse* wollte er auch mit *Fury* einen Film schaffen, der den Wert eines Zeitdokuments erhält.

In einer Kleinstadt wird ein durchreisender Fremder für einen gesuchten Kidnapper gehalten und auf Grund fragwürdiger Indizien verhaftet. Indiskretionen der Polizei putschen die Bevölkerung auf, Vorurteile und Ressentiments werden mobilisiert. Respektable Bürger, Kleinstadt-Honoratioren und biedere Hausfrauen geraten in Lynchekstase, stürmen das Gefängnis und stecken, als sie nicht in die Zelle des vermeintlichen Verbrechers gelangen können, das Gefängnis in Brand.

Im Zentrum des Films steht eine Sequenz von Großaufnahmen: haßverzerrte Gesichter aus der fanatisierten Menge. Diese Szene reflektiert deutsche Erfahrungen: Das nationalsozialistische Regime konnte sich auf eine breite Basis im Volk stützen, die sogenannte Bewegung; in der

Masse fühlte man sich der individuellen Verantwortung enthoben, und gesetzestreue Kleinbürger beteiligten sich an antisemitischen Pogromen und blutigen Ausschreitungen. Die Eskalation der Gewalt hatte Lang während einer Demonstration Anfang 1934 in Paris miterlebt: *Ich war in der Menge auf dem Boulevard. Zunächst war jedermann gut gelaunt. Dann schlug ein Junge auf die Schaufensterscheibe eines Geschäfts. Das machte so einen schönen Lärm! Er schlug lauter und lauter. Irgend jemand warf einen Stein. Dann – Schüsse, Aufruhr, Tod. Die Kluft zwischen dem ersten harmlosen Schlagen auf das Glas und dem ersten Schuß war erschreckend gering.* Im Film beginnt der kollektive Zerstörungsrausch mit der Aufforderung, sich einen Spaß zu machen – in Paris hatte Lang beobachtet, *daß Humor den Weg ebnen kann zu Haß und Gewalt. In «Fury» versuchte ich, die unmerkliche Linie nachzuzeichnen, wo der Umschlag einsetzt. Massenpsychologie fasziniert mich.*[167]

Fury bietet eine kritische Sicht auf Amerika, offenbart ein tiefes Mißtrauen gegenüber den Staatsorganen und dem tatsächlichen Zustand der Demokratie in diesem Land. Lynchjustiz und Massenhysterie richteten sich vor allem gegen die farbige Bevölkerung, aber die Produzenten verboten Lang, diese Wahrheit im Film zu zeigen. Alle entsprechenden Szenen und Dialogpassagen wurden gestrichen.

Die zweite Filmhälfte schwächt die Sozialkritik ab: Joe konnte sich aus dem brennenden Gefängnis retten. Obwohl inzwischen seine Unschuld feststeht, hält er sich weiterhin versteckt. Er will am Mob Rache nehmen.

Spencer Tracy in der Hauptrolle von «Fury»

Die Anführer stehen unter Mordanklage, ihnen droht die Todesstrafe. Erst auf Drängen seiner Verlobten stellt sich Joe im Gerichtssaal – ein Justizirrtum wurde gerade noch rechtzeitig verhindert, und die Verlobten geben sich einen Kuß: Happy-End. Diese Auflösung ist zweifellos eine Konzession an Hollywood. Lang wollte ein sprödes Ende, die sentimentale Schlußszene wurde ihm nachträglich vom Produzenten aufgezwungen. Charakteristisch dagegen ist der thematische Ansatz, die Perspektive des gehetzten Individuums: der Kampf des einzelnen gegen die Gesellschaft, die ihn zu vernichten droht; schließlich die Umkehrung: aus dem unschuldig Verfolgten wird ein haßerfüllter Rächer.

Fritz Lang mit Sylvia Sidney während der Dreharbeiten zu «Fury», 1936

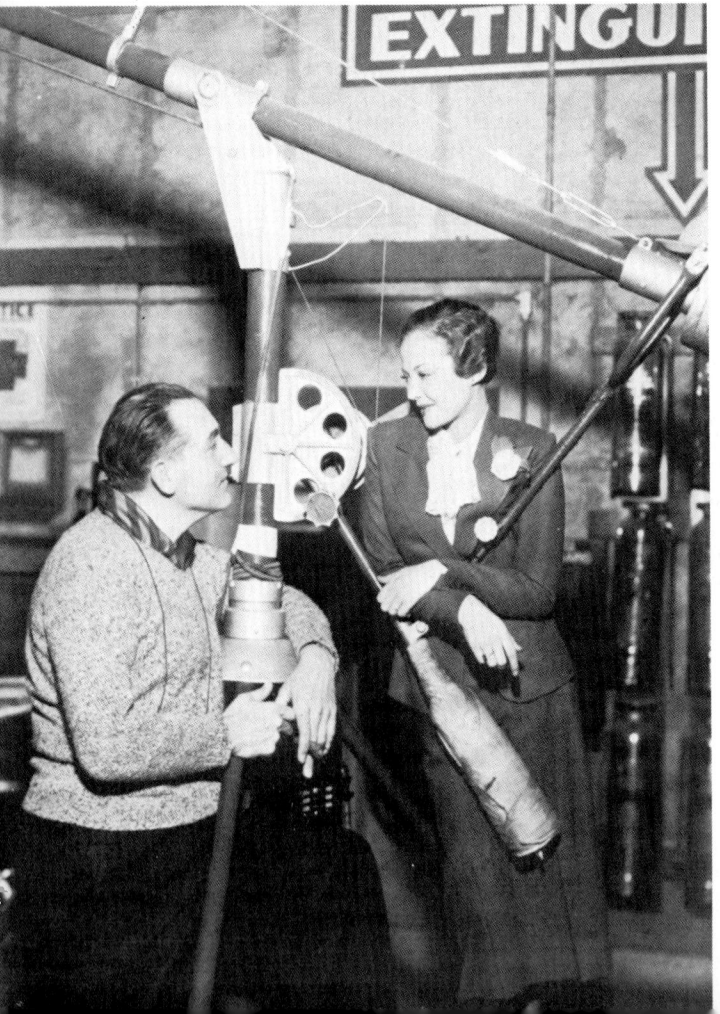

Fury wurde von MGM als C-Produktion eingeschätzt; entsprechend drittklassig waren die technischen Bedingungen bei den Dreharbeiten. Lang berichtet von Einschränkungen und Behinderungen. Entgegen allen Erwartungen wurde die Filmpremiere (Juni 1936) ein großer Erfolg. Die Kritik urteilte ausnahmslos positiv. Graham Greene bewunderte die außerordentliche Leistung Langs: «Kein anderer Regisseur hat so genau die Eigenschaften des Mediums erfaßt, setzt so konsequent und bewußt den Kontrapunkt von Ton und Bild.»[168]

Fritz Langs nächster, ebenfalls 1936 entstandener Film *You Only Live Once* (Du lebst nur einmal; deutscher Verleihtitel: *Gehetzt*) verschärft noch die kritische Perspektive. Der mehrfach vorbestrafte Eddie Taylor heiratet Joan, die Sekretärin seines Anwalts, und fährt mit ihr in die Flitterwochen. Behaftet mit dem Stigma des Vorbestraften scheitern Eddies Versuche, in der Gesellschaft wieder Fuß zu fassen. Beschuldigt, ein Bankräuber und Mörder zu sein, wird er vor Gericht gestellt und in einem Indizienprozeß zum Tode verurteilt. Während eines Gefängnisausbruchs erfährt er, seine Unschuld sei bewiesen und die Freilassung schon angeordnet – doch Eddie glaubt dem Anstaltsgeistlichen nicht, sondern vermutet einen Trick der Polizei. Er schießt sich den Weg frei und tötet dabei den Pfarrer. – Eddie und Joan versuchen, nach Mexiko zu entkommen. Fritz Lang zeigt die Flüchtenden als zärtliches Liebespaar; gnadenlos gejagt von der Gesellschaft, finden sie Momente des Glücks in der freien Natur. Kurz vor der rettenden Grenze werden sie erkannt und sterben im Kugelhagel der Polizei.

Auch für diesen Film ließ sich Lang von einem Zeitereignis inspirieren, das die Presse beschäftigte: Zwei Jahre zuvor, 1934, war das Gangster-Paar Bonnie (Parker) und Clyde (Barrow) bei einem Feuergefecht mit der Polizei ums Leben gekommen. Eddie und Joan in *You Only Live Once* sind keine Kriminellen, sondern Opfer einer Gesellschaft, die ihnen diese Rolle aufzwingt. François Truffaut schreibt in einer Filmanalyse: «Der Film ist zugleich aufrührerisch und menschlich, er folgt dem Prinzip: Die ehrbaren Bürger sind die wahren Schurken ... Fritz Lang beweist den ganzen Film hindurch die niedere Denkungsart der ‹guten Gesellschaft› und den Adel des asozialen Paares. Nachdem sie kein Geld mehr haben, füllen Eddie und Joan ohne zu zahlen mit vorgehaltenem Revolver den Tank ihres Wagens. Eben sind sie weg, da ruft der Tankwart die Polizei an und behauptet, sie hätten auch die Ladenkasse gestohlen. Als das Auto eine erste Polizeisperre sprengt, fährt eine für Joan bestimmte Kugel in eine Dose Kondensmilch: Milch bedeutet Reinheit, und ihre Reinheit schützt unsere Helden eine Zeitlang.»[169] Wieder akzentuiert Lang den Handlungsablauf durch symbolische Bilder. Ein vorausdeutendes Motiv sind die quakenden Frösche, von Eddie und Joan am Weiher belauscht. Ihre Silhouetten spiegeln sich im Wasser, dann hüpft ein Frosch in den Teich und zerstört das Bild. Die in Großaufnahme einmontierten Frösche verheißen den Liebenden Unglück. Eddie erklärt Joan: Wenn der eine Frosch stirbt, kann auch der andere nicht länger leben. In *Fury* gibt es ein versöhnliches Ende, herbeigeführt durch die Liebe. In *You Only Live*

Once kann die liebende Frau das Unglück des Mannes nicht aufhalten; ihre Verstrickung verschlimmert nur seine Situation, und schließlich geht sie mit ihm zugrunde. Vorgeführt wird ein unausweichliches Schicksal: Ein Außenseiter gerät ins Räderwerk der Justizmaschinerie und kommt darin um.

Im Moment des Todes hört Eddie noch einmal die Stimme des Gefängnispfarrers: «*Du bist frei, das Tor ist offen!*» Man hat diese Schlußapologie einen Verrat am Film genannt.[170] Peter Bogdanovich, amerikanischer Regisseur und Kritiker, stellte Lang die Frage, ob die letzte Szene ironisch zu verstehen sei. Die Antwort: *Lachen Sie meinetwegen, aber vergessen Sie nicht, daß ich als Katholik geboren wurde. Vielleicht bin ich kein guter Katholik im Sinn der Kirche, aber katholische Erziehung (und wahrscheinlich jede Erziehung, die mit ethischen Prinzipien zu tun hat) verläßt einen nie. Und ich glaube, es war die Wahrheit für diese Leute – die Tore waren nun offen – es ist nicht ironisch gemeint.*[171] Aber darf man der Szene den schlichten Sinn geben, nun sind die Tore des Paradieses geöffnet, ein besseres Leben erwartet den Helden im Himmel? Eine solche Interpreta-

«You Only Live Once»: Die Todeszelle

tion verbietet der Filmtitel: Du lebst nur einmal. Auf Erden gibt es keine Gerechtigkeit für Eddie Taylor, erst im Moment des Todes öffnen sich für ihn die Tore zur Freiheit.

Es gibt, so Langs Lebensanschauung, keinen Zustand anhaltenden Glücks, sondern nur die *Verfolgung dieses Glücks*. Diese pessimistische Haltung führt jedoch keineswegs zum Fatalismus: *Ein bestimmter Prozeß löst sich aus, und niemand kann ihm entkommen. Aber was ich darüber hinaus immer zeigen und definieren wollte, ist die Haltung des Kampfes, die die Leute angesichts dieser fatalen Ereignisse einnehmen.*[172] Langs rebellierende Helden mögen scheitern, aber sie resignieren nicht, geben nie auf. Vor dem Hintergrund einer realistischen Alltagsszenerie sucht Lang den Prämissen der klassischen Tragödie zu entsprechen: Obwohl sie den Mensch als *dem Verderben ausgeliefert zeigte ... lag in dieser Auffassung eine Größe, die dem Menschen selbst angesichts seiner fast unvermeidlichen Niederlage noch einen Sinn für seine Würde gab.* Die moderne Tragödie *zeigt den Triumph des Bösen und die Verschwendung menschlichen Lebens aus nichtigen Gründen an nichtige Zwecke.*[173] *Deshalb kämpfen meine «verfolgten Personen» ... nicht wie im griechischen Drama gegen Götter oder gegen das Schicksal, sondern gegen die einfachen Umstände des Lebens, gegen – was soll ich sagen – die Meinung ihrer Nachbarn, gegen dumme Gesetze und andere Dinge dieser Art.*[174] Dies ist der Schnittpunkt, in dem sich sozialkritische Thematik und *moderne Tragödie* treffen.

Nach Langs Überzeugung ist *You Only Live Once* ein rein amerikanischer Film, frei von europäischen Einflüssen.[175] Zusammen mit *Fury* bildete der Film eine gute Basis, sich in Hollywood als Regisseur zu etablieren. Im Vergleich zu deutschen Produktionsverhältnissen mußte Lang in weit kürzerer Zeit, dafür mit viel besserer technischer Ausrüstung arbeiten. Die Umstellung gelang. In Lilly Latté fand er nicht allein eine zuverlässige Sekretärin und Mitarbeiterin, sondern eine neue Lebensgefährtin. Seit 1935 amerikanischer Staatsbürger, hat er zu keiner Zeit das Leben in den USA als bloßen Exil-Aufenthalt empfunden.

Gleich in den ersten Hollywood-Jahren hatte er sich eine Position unter den anerkannten Regisseuren erkämpfen können. Mit Genugtuung und Selbstsicherheit füllte er diese Rolle aus. Nach einem Besuch im Jahre 1938 schilderten Klaus und Erika Mann ihre Eindrücke: «Sein Monokel verleiht ihm etwas von der Schärfe eines preußischen Offiziers, was gleich unpassend wirkt, sobald er zu sprechen beginnt. Er erzählt freimütig, wechselt mit anregender Ungezwungenheit die Gesprächsthemen. Er lacht viel, gibt Sticheleien und verschmitzte Wahrheiten zum besten; er kommt vortrefflich mit seinen Leuten zurecht, weil er ihre Sorgen und Herzensprobleme kennt, und er verfolgt die politischen Ereignisse mit leidenschaftlicher Aufmerksamkeit.» Bleibt die Frage, welche Veränderungen in Langs Filmschaffen zu verzeichnen sind. Die Geschwister Mann kamen zu einer positiven Bilanz und sahen in Lang den Gegenbeweis zur gängigen Auffassung, Arbeit in der Traumfabrik führe zwangsläufig zur kommerziellen Verflachung: «In Hollywood hat er eine geistige

Lilly Latté

Entwicklung durchgemacht, die ihn zu einer der interessantesten und vielseitigsten Persönlichkeiten im amerikanischen Film werden ließ. Sein Können, für das er schon immer berühmt war – große handwerkliche Fähigkeiten, ausgezeichnete Imaginationskraft –, ist noch erweitert worden: Fritz Lang ist nun interessiert an menschlichen Schicksalen und sozialen Problemen, an den inneren Prozessen seiner Figuren. Früher einmal waren die Sujets seiner Filme der Flug zum Mond oder ein technokratisches Metropolis; heute beschäftigen ihn Probleme menschlichen Zusammenlebens, Irrtum, Schuld, Gerechtigkeit, Fortschritt...»[176]

Doch diese Sätze bedürfen der Korrektur. Gewiß setzte sich Lang mit sozialen Problemen auseinander, engagierte sich mit *Fury* gegen die Lynchjustiz und mit *You Only Live Once* für die Resozialisierung von Vorbestraften. Hinter der Sozialkritik liegt jedoch eine Dimension, die seine in der amerikanischen Gesellschaft angesiedelten Filme mit früheren Werken verbindet: *Einerseits Unschuld mit allem äußeren Schein von Schuld, wie in «Fury» oder «You Only Live Once», andererseits Schuld mit allem Anschein von Unschuld («M») – wer muß da nicht erkennen, daß das alles ein und dasselbe ist? Jenseits vom Anschein, was ist Schuld und was ist Unschuld?*[177] Die Bilder vom Kindermörder und vom unschuldig Verfolgten schieben sich ineinander: getriebene Menschen, Opfer.

Selbst in einem so scheinbar uramerikanischen Genre wie dem Western lebt unverändert Langs Themen- und Motivkreis. Die skeptische Frage, ob ein europäischer Regisseur Western drehen dürfe, wies Lang zurück: *Ich habe niemals geglaubt, daß der Wilde Westen, so wie er in Filmen gezeigt wird, jemals existiert hat. Die Legende des alten Westens ist das ameri-*

kanische Gegenstück zu den deutschen Mythen, wie ich sie z. B. in den «Nibelungen» abgebildet habe.[178] Gern erzählte er, ein Veteranenclub habe ihm attestiert, die Welt des Wilden Westens authentisch gestaltet zu haben – Lang wußte, daß man trotz einiger realistischer Details *nicht die historische Wahrheit, sondern einen Traum*[179] inszeniert hatte.

Fritz Langs erster Western entstand 1940: *The Return of Frank James.* Der deutsche Verleihtitel *Rache für Jesse James* deutet an, was den Western mit den *Nibelungen* verbindet. Rache und Rebellion, Kampf gegen Vorurteile und eine verlogene Justiz beherrschen auch Langs Western. *Das Milieu ist ja nur ein Vorwand. Vor seinem Hintergrund können Konflikte gezeigt werden, die «tabu» wären, wenn sie im Kostüm unserer Tage verfilmt würden.*[180] Noch 1956, als der Film in die deutschen Kinos kam, meldete der katholische «Film-Dienst» Bedenken an: «Wildwestfilm mit doppelbödiger Rechtsauffassung, deshalb nur für Erwachsene mit Vorbehalten.»[181]

The Return of Frank James ist ein Fortsetzungsfilm, der unmittelbar an Henry Kings «Jesse James» anschließt. Fritz Lang faszinierte an der Figur Frank James der Kriegsheimkehrer als Outlaw, *das Problem dessen, der Geschmack am Töten bekommen hat, dem man ein Gewehr in die Hand gedrückt hat, damit er in den Krieg zieht, und der weiterkämpft, lange nach Einstellung der Feindseligkeiten. Das Individuum gegen das Gesetz oder gegen die Konventionen: das interessiert mich.*[182] In seiner Filmanalyse schreibt Jean-Luc Godard: «Ein einziges Bild definiert bereits die Lang-

Jean-Luc Godard

Fritz Lang, Ende der dreißiger Jahre

sche Ästhetik: Ein Polizist stellt einen flüchtigen Banditen, um ihn zu töten. Um den unabänderlichen Aspekt der Szene zu unterstreichen, setzt Lang auf das Gewehr ein Zielfernrohr, wie man es bei Präzisionswaffen findet; der Zuschauer fühlt sofort, daß der Polizist nicht vorbeitreffen kann und daß der Flüchtende mit mathematischer Sicherheit sterben muß.»[183] Erwähnenswert an Langs beiden Western, zweifellos Nebenprodukte in seinem Schaffen, ein paar Einzelheiten: Die Erkundungsfahrten im ersten Amerika-Jahr hatten den Regisseur auch zu den Navajos und zu den Hopis geführt. Deren Sitten und Gebräuche hatte er auf Schmalfilm festgehalten; in *Western Union* (1941) zeigte er erstmals im Film Indianer in Kriegsbemalung. *The Return of Frank James* war Langs erster Farbfilm und bot Gelegenheit, spezielle Farbwirkungen auszuprobieren, die das Auge des Zuschauers auf signifikante Details lenken.

Ich war etwas, was in Hollywood überall verhaßt ist – ein Perfektionist, gestand Lang.[184] In deutschen Filmstudios umgab ihn eine selbstverständliche Autorität (angeblich wurde er dort mit «Meister» angesprochen), in Hollywood respektierten ihn Schauspieler und Techniker nicht im gleichen Maße. Bei den Dreharbeiten zu *Fury* gab es Zusammenstöße mit dem Hauptdarsteller Spencer Tracy. Henry Fonda, der in *You Only Live Once* und *The Return of Frank James* Hauptrollen spielte, meinte später in Interviews, Lang habe die Darsteller wie Marionetten behandelt: «Er war ein Künstler, aber es ging nicht in seinen Kopf, daß der Schauspieler auch versuchte, ein Künstler zu sein. Er war ein meisterhafter Puppenspieler, aber ohne jedes Gefühl, und er konnte sehr brutal sein. Er war völlig absorbiert von der Kamera – was ja sein gutes Recht ist –, aber er war zu sehr damit beschäftigt, wie alles mögliche aussah.»[185]

Worüber sich Fonda mokiert ist Langs Detailbesessenheit. Viele Anekdoten erzählen davon, wie der Regisseur für Stunden die Dreharbeiten unterbrechen ließ, um unwesentlich erscheinende Ausstattungselemente stimmig zu arrangieren. *Die Fähigkeit der Kamera, das Detail einzufangen,* äußerte Lang, unterscheide den Film vom Theater. *Der Daumen des*

Jackie Cooper und Henry Fonda in «The Return of Frank James»

Werbeplakat für «You and Me», 1938

Trampers, der vergeblich ein Auto anzuhalten versucht, die Bewegung der geballten Hand, die ein Glas leert und vom Barmann ein neues fordert, ein braun gebranntes Gesicht mit vom Wind zerzausten Haaren, diese Bilder sind das Ergebnis langer Bemühungen. Im Kino kann Spontaneität und Atmosphäre nur durch eine Anhäufung von Details geschaffen werden.[186]
Gemeint ist eine kalkulierte Spontaneität – Lang ging nie ins Studio, um mit den Schauspielern zu improvisieren. Sondern er kam mit präzisen Vorstellungen, wie eine Szene zu spielen sei, und wußte sogar, in welchem Einstellungswinkel sie aufgenommen werden müsse. Billy Wilders spötti-

sche Beschreibung mag übertrieben sein, sie kennzeichnet aber Langs Inszenierungsstil: «Lang zum Beispiel, der war jeden Morgen um sechs im Studio, bevor die Schauspieler kamen, und dann ist er da rumgegangen und hat Zahlen auf den Boden gemalt: 1, 2, 3, 4 ... Und zu den Schauspielern hat er dann hinterher gesagt: Also, du kommst hier rein, bleibst bei 1 kurz stehen und blickst dich um. Dann gehst du zu 2 und sagst den Dialog. Auf dem Weg zu 4 legst du bei 3 die Zigarre in den Aschenbecher ...»[187]

In Hollywood war Lang gezwungen, Auftragsproduktionen zu übernehmen, weil er nach *You Only Live Once* einen großen Mißerfolg erlebte: *You and Me*, 1938 entstanden, vom Regisseur selbst als sein schlechtester Film eingeschätzt.[188] Es war der Versuch, die Themen Kriminalität und Resozialisierung in Form einer musikalischen Komödie abzuhandeln. *Ich wollte einen didaktischen Film, der die Zuschauer lehrt: Verbrechen lohnen sich nicht – was eine Lüge ist, denn Verbrechen lohnen sich sehr wohl. Die Moral wurde am Ende von Sylvia Sidney an der Schultafel den Gaunern vorbuchstabiert.*[189] Lang dachte an Stil und Tonfall der «Dreigroschenoper». Kurt Weill, gerade ohne Engagement in Hollywood, sollte die Filmmusik schreiben. Er stellte jedoch nur zwei Songs fertig und bekam dann eine Chance am New Yorker Broadway, so daß der musikalische Direktor der Produktionsfirma die Arbeit beenden mußte. Das künstlerische Scheitern ist nicht allein darauf zurückzuführen: Ohne Brecht war es kaum möglich, eine neue Dreigroschenoper zu schaffen. Zu einer Zusammenarbeit mit Brecht kam es erst fünf Jahre später.

Schwierige Zusammenarbeit:
Brecht und Lang in Hollywood

Hollywood beherbergte eine deutsche Kolonie, in der Filmstadt lebten viele emigrierte Intellektuelle und Künstler. Sie waren durch sogenannte «Lebensrettungsverträge» ins Land gekommen: Die großen Produktionsfirmen gaben ihnen pro forma eine Anstellung als Drehbuchautor, was ein Einreisevisum, Reisegeld sowie ein wöchentliches Einkommen von 100 Dollar auf ein Jahr bedeutete. Bei Warner Brothers waren Leonhard Frank, Heinrich Mann und Friedrich Torberg angestellt; MGM bezahlte Gehälter an Alfred Döblin, Walter Mehring und Alfred Polgar. Die Filmindustrie erwartete weder eine verwertbare Arbeitsleistung noch hatte man viel Verwendung für die Szenarios der Emigranten. Alfred Döblin erkannte: «Wir in den Filmstudios merkten bald, die Gesellschaften hatten nur Wohltätigkeit üben wollen und meinten es nicht ernst mit unserer Arbeit. Wir konnten schreiben, was wir wollten. Es war eine Industrie. Der Dutzendgeschmack der Producers und die Barriere der eingesessenen Professionellen machte jede Bemühung illusorisch.»[190] Obwohl die Emigranten in Hollywood – im Gegensatz zu anderen Exilorten, auch in den USA – den materiellen Sorgen enthoben waren, kennzeichneten Apathie, Hoffnungslosigkeit und Verbitterung ihre Situation.

Für Carl Zuckmayer waren die Jahre des Exils eine unproduktive, erfolglose Zwischenphase. «Der fröhliche Weinberg» und «Der Hauptmann von Köpenick» waren bühnenwirksame und vielgespielte Theaterstücke der Weimarer Republik, und erst in den Nachkriegsjahren konnte der Dramatiker mit «Des Teufels General» daran anknüpfen. In Hollywood fand Zuckmayer, obwohl er Erfahrungen als Filmautor besaß (1930 schrieb er das Drehbuch zu «Der blaue Engel» zusammen mit Robert Liebmann), keinen befriedigenden Kontakt zur Filmindustrie. Er war bei Warner Brothers angestellt. Als man ihm eines Tages ein Projekt vorsetzte, das ihm als «triviale Kinderei» erschien, und das er deshalb ablehnen wollte, beriet er sich zuvor mit Lang. Carl Zuckmayer berichtet: «Fritz Lang, der es gut mit mir meinte, war entsetzt. In Hollywood sagt man nicht nein, niemals, ganz gleich, was von einem verlangt wurde. Eine Ablehnung bedeutet Hinausschmiß. Und was könne mir Besseres passieren als dieses Angebot? Damit würde ich jahrelang zu tun haben, ein so kostspieliger Kostümfilm käme nicht so rasch zustande, ich könnte damit meine ganze Vertragszeit abdienen, die von Jahr zu Jahr eine Erhöhung des Wochen-Checks vorsah, ich solle mir ein hübsches Haus mieten und

Bertolt Brecht.
Karikatur von Elizabeth Shaw

ein Filippino-Ehepaar zur Bedienung und einen Wagen auf Abzahlung kaufen und meine Familie herholen und ‹happy› sein.»[191] Zuckmayer folgte nicht Langs Rat, sich anzupassen und für eigene literarische Arbeiten die Urlaubszeit zu benutzen. Er verließ Hollywood und ging in den Osten, wo er als Farmer, immer am Rande des Existenzminimums, die Exiljahre überstand.

Bertolt Brecht kam erst spät, über die Exil-Stationen Dänemark, Schweden und Finnland, in die USA; Ende Juli 1941 traf er in Hollywood ein. Emigranten hatten ihm die nötigen Papiere besorgt und die Reise finanziert. Fritz Lang und Lilly Latté hatten die Sammlung organisiert und halfen nicht allein mit Geld: Brecht nannte in seinem für die Einwanderungsbehörden verfaßten Lebenslauf Lang unter seinen Fürsprechern. Inzwischen gab es in Hollywood Widerstand gegen die bevorzugte Anstellung von Emigranten; Brecht erhielt keinen Vertrag von einer Filmgesellschaft und mußte als freier Autor seinen Lebensunterhalt verdienen. Fast alle Theaterpläne zerschlugen sich. Bertolt Brecht hatte auch Hoffnungen in die Filmindustrie gesetzt, doch trotz freundschaftlicher Kontakte zu Hollywood-Größen wie Charles Chaplin oder Orson Welles ließ sich kein Projekt realisieren. In den «Hollywood-Elegien» äußerte er sich verbittert und aggressiv über die Traumfabrik als einem «Markt, wo Lügen verkauft werden»[192].

Lang und Brecht, die sich schon in Deutschland begegnet waren, sahen sich häufig. Man diskutierte auf Spaziergängen am Meer über Politik und

Szene aus «Hangmen Also Die» mit Hans von Twardowski als Heydrich, 1942

tauschte Lektüreeindrücke aus. Kaum überraschend, daß ihre Meinungen oft auseinander gingen. Als Lang einmal den american way of life verteidigte, notierte Brecht anschließend in sein Journal: «er sieht einen speziellen lebensstil, wo ich hochkapitalismus sehe.»[193] Solche unterschiedlichen Auffassungen störten den freundschaftlichen Kontakt nicht. Brecht widmete Lang ein Gedicht («Ich bin der Glücksgott»), und zusammen mit dem Dramatiker Clifford Odets und Hanns Eisler entwarfen sie eine filmische Rahmenhandlung für Brechts Szenenfolge «Furcht und Elend des Dritten Reiches». Brechts «Arbeitsjournal» enthält eine Schilderung von Langs Situation im Frühjahr 1942, nachdem dieser während der Dreharbeiten die Regie an den Filmen «Confirm or Deny» und

«Moontide» niedergelegt hatte: «lang, nach lauter boxofficeerfolgen, wurden hintereinander ein paar filme weggenommen, weil er sich zerstritt oder weil ein französischer schauspieler [Jean Gabin] einen amerikanischen regisseur verlangte. er wurde besorgt und bat rolf nürnberg, ihm die 80 000 $ zurückzugeben, die er für ihn verwaltete, seine ersparnisse. n[ürnberg] machte einen unlustigen selbstmordversuch und gestand dann, er habe das geld seit jahren für sich verbraucht.» Rolf Nürnberg, in den zwanziger Jahren ein bekannter Berliner Journalist (Sportredakteur und Theaterkritiker), übte nach dem Zeugnis Klaus Manns einen «geradezu lächerlichen» Einfluß auf Lang aus.[194] Er betrieb eine Agentur für Drehbücher, doch handelte es sich um eine Scheinfirma. Viele Emigranten gaben ihm Geld, mit dem er in ihrem Auftrag an der Börse spekulierte. Als das Schwindelunternehmen zusammenbrach, wurde der drogenabhängige Nürnberg in eine psychiatrische Anstalt eingewiesen.[195]
Doch zurück zu Brechts Bericht über Lang: «in diesen wochen, während er seinen letzten kontraktmonat abdiente, ging er zum augenarzt. der verdeckte sein eines aug und wollte ihn ziffern ablesen lassen. l[ang] sagte: ‹aber Sie müssen die lampe andrehen.› die lampe brannte längst. jetzt weiß oder ahnt er, daß auch sein anderes aug von blindheit bedroht ist, wie bei seinem vater.»[196]

Nach Lösung seines Vertrags mit der Produktionsgesellschaft war Lang free-lancing. Als er in der Zeitung von dem Attentat auf Reinhard Heydrich, den von Hitler eingesetzten Reichsprotektor von Böhmen und Mähren, las, entstand die Idee zu dem Film *Hangmen Also Die (Auch Henker sterben)*. Lang konnte den unabhängigen Produzenten Arnold Pressburger für das Projekt gewinnen. Brecht schätzte *M* und *Fury*; Lang wiederum, so Hanns Eisler, «war ein Verehrer von Brecht»[197] – der Gedanke an eine Zusammenarbeit lag nahe. *Brecht erschien mir durch seine politischen Kenntnisse der Situation ein idealer Mitarbeiter, und so fragte ich ihn, ob ihn das Thema interessieren würde. Brecht sagte sofort zu; in ein paar Tagen, kaum mehr als vier oder fünf, hatten wir zusammen eine kurze Outline zu Papier gebracht.*[198]

In Brechts ersten Notizen, Mai 1942, ist von einem «Geiselfilm» die Rede: Als Vergeltung für die Ermordung Heydrichs nimmt die Besatzungsmacht 400 Geiseln, um den Widerstand des tschechischen Volkes zu brechen und die Auslieferung des flüchtigen Attentäters zu erzwingen. (Mangels genauer Informationen entwarfen Lang und Brecht eine frei erfundene Geschichte. Tatsächlich ließen die Nazis die gesamte Bevölkerung von Lidice in einer Nacht ausrotten und machten die Ortschaft dem Erdboden gleich, um ein blutiges Exempel zu statuieren.) Die Grundzüge der Filmstory: Der Attentäter Svoboda kann mit Hilfe des Mädchens Mascha entkommen. Die Nazis erklären den Ausnahmezustand und kündigen die Exekution von Geiseln an. Svoboda will sich stellen, doch der Führer der Widerstandsbewegung stimmt ihn um: Er habe eine Hinrichtung im Namen des Volkes vollzogen. Die Gestapo ist Svoboda auf der Spur, doch kurz vor der Verhaftung wird der Inspektor getötet. Die Widerstandsgruppe spielt den Nazis Indizien zu, die auf den Spitzel Czeka deuten; er wird hingerichtet, obwohl die Gestapo weiß, daß er nicht der Täter ist. Der Schlußtitel lautet: *Das ist nicht das Ende* ...

Schon während der ersten Drehbuchphase äußerte sich Brecht distanziert-abfällig über die Zusammenarbeit: «ich arbeite mit lang für gewöhnlich von früh neun uhr bis abends sieben uhr an der geiselstory. bemerkenswert ein term, der immer wieder auftaucht, wenn die logik eines vorgangs oder fortgangs zu diskutieren wäre: ‹das akzeptiert das publikum›. den mastermind der untergrundbewegung, der sich hinter einem fenstervorhang versteckt, wenn die gestapo haussuchung hält, akzeptiert das publikum. auch aus kleiderschränken fallende kommissarleichen. auch ‹geheime› volksversammlungen, zur zeit des naziterrors. derlei ‹kauft› lang. interessant auch, daß er weit mehr an überraschungen interessiert ist als an spannungen.»[199] Bertolt Brecht scheint seine Kritik nur dem Arbeitsjournal anvertraut, aber nicht ausgesprochen zu haben. Das Drehbuch-Honorar verschaffte ihm «Luft für drei Stücke», und so ließ er Lang in dem Glauben, sie würden harmonisch zusammenarbeiten.

Bertolt Brecht sprach nur gebrochen englisch, deshalb mußte zusätzlich ein amerikanischer Autor engagiert werden: John Wexley. Nachdem Lang und Brecht die Outline geschrieben hatten, arbeitete Brecht zusammen mit Wexley am Drehbuch, während Lang sich schon den technischen Vorbereitungen widmete, zum Beispiel mit dem Filmarchitekten die Straßenbauten besprach. Die erste Mißstimmung kam auf, als Brecht (Lang hatte für ihn die Drehbuchgage ausgehandelt) sich an den Produzenten wandte mit der Forderung nach einer Honorarerhöhung. Dazu kamen heftige Auseinandersetzungen über die zu engagierenden Schauspieler. Vergeblich versuchte Brecht, Fritz Kortner eine Rolle zu verschaffen; auch der Vorschlag, Oskar Homolka den Quisling Czaka spielen zu lassen, wurde von Lang abgelehnt. Er argumentierte, *um einem amerikanischen Publikum halbwegs klarzumachen, was es für ein Volk bedeutet, von fremdsprachigen Soldaten und Geheimpolizei beherrscht und unterdrückt zu werden*, müßten alle tschechischen Rollen mit amerikanischen Schauspielern, alle deutschen Rollen mit deutschen Schauspielern besetzt werden.[200] Also mußte ein amerikanischer Darsteller den Verräter spielen. Selbst Brechts Wunsch, eine Nebenrolle mit Helene Weigel zu besetzen (sie hatte eine kleine Rolle in *Metropolis*), stieß bei Lang auf unüberwindbaren Widerstand. Besetzungsfragen hatte der Regisseur zu entscheiden, und das Ergebnis kommentierte Brecht voll Hohn: «Visagen wie aus dem Programmheft des Ulmer Stadttheaters.»[201]

Doch der eigentliche Konfliktstoff blieb das Drehbuch. Brecht begann mit der Niederschrift eines «Idealskripts» und konnte teilweise auch Wexley dafür gewinnen. Vorübergehend hatte das Filmprojekt die Arbeitstitel *Silent City* (Schweigende Stadt), *Never Surrender* (Niemals aufgeben) und *Trust the People* (Vertraut dem Volk), die von Lang nicht akzeptiert oder aus juristischen Gründen verworfen wurden. Zeitweilig war Brecht recht zufrieden mit seiner Arbeit. Er legte das Gewicht auf die Volksszenen, zeigte die Widerstandsbewegung «streng im rahmen bürgerlich-nationaler erhebung» und setzte dialektische Momente, zum Beispiel «daß die untergrundbewegung fehler macht, die das breite volk korrigiert».[202] Es blieb allerdings die Frage, wieviel aus dem Idealskript ins Drehbuch hinübergerettet werden könne.

Drehbuch wie Idealskript waren noch nicht abgeschlossen, als Lang über eine Vorverlegung der Produktion informiert wurde: Drehbeginn in acht Tagen. Weil bereits der vorliegende Text zu umfangreich war, nahm Lang die notwendigen Kürzungen eigenmächtig vor. Er hatte die Verantwortung für die Produktion übernommen und begann ohne weitere Diskussionen mit den Dreharbeiten. Brechts Eindruck, er solle von der Produktion möglichst ferngehalten werden, war wohl nicht unbegründet.

Im «Arbeitsjournal» zeichnet Brecht ein wenig schmeichelhaftes Porträt von Lang: «er sitzt, mit den allüren eines diktators und alten filmhasen, hinter seinem boßschreibtisch, voll von drugs und ressentiments über jeden guten vorschlag, sammelt ‹überraschungen›, kleine spannungen, schmutzige sentimentalitäten und unwahrhaftigkeiten und nimmt ‹licenses› für das boxoffice.»[203] Glossiert Brecht an dieser Stelle den mangelnden Kunstverstand Langs, so überrascht die Eintragung nach einem Studiobesuch: «die arbeit hat würde, respektabilität des handwerks.»[204] Lang zeigte sich menschlich enttäuscht von Brecht, als postum dessen «Arbeitsjournal» veröffentlicht wurde. Wie immer man Brechts oft zynische Bemerkungen wertet, man sollte nicht übersehen, daß sozialer Status und politische Überzeugung beide trennte: Brecht war ein Emigrant, der sich weigerte, die fremde Sprache zu erlernen, erfolglos und verbittert im Exilland auf die Rückkehr wartete; Lang dagegen ein Immigrant, der sich rasch amerikanischen Produktionsverhältnissen anpaßte und seine deutsche Karriere in Hollywood fortsetzte. Brecht war ein dialektisch geschulter Marxist, Lang ein Hitler-Gegner mit bürgerlichem Hintergrund. Bei so unterschiedlichen Voraussetzungen mußte die Zusammenarbeit schwierig werden. Uns interessiert nur das Ergebnis.

Auch in *Hangmen Also Die* bestimmen symbolische Bilder die filmische Erzählweise. Fritz Lang setzte auf Aktion, die die Handlung vorantreibt; er wollte keine Diskussion über den politischen Nutzen des Attentats. Die sentimentalen Liebesszenen, Konzession an den Publikumsgeschmack, weichen die politischen Konturen auf. Ausgeglichen wird dieser Verlust durch die Musik Hanns Eislers. Der Komponist, zu dieser Zeit an einem Forschungsprojekt über Filmmusik engagiert, hat seine Arbeit ausführlich reflektiert in einer gemeinsam mit Theodor W. Adorno verfaßten Publikation. Die Musik sollte nicht bloß Untermalung einer Szene sein, sondern das im Bild Sichtbare kontrapunktisch interpretieren. Eislers Überlegungen trafen sich mit den Vorstellungen Langs, der schon lange mit der Musik in seinen Filmen unzufrieden war: *Man muß sich darum bemühen, der Realität soweit wie möglich zuzusetzen. Die Musik ist Verzierung, ist Ballast, den man nach dem Coup einsetzt. Dies zählt nicht.*[205] In *Hangmen Also Die* sollte es anders sein. Ein Beispiel mag demonstrieren, wie die Musik dramaturgische Funktionen übernimmt. Heydrich liegt sterbend im Krankenhaus, im Bild ist nichts zu sehen als das Tropfen des Blutes. «Heydrich ist der Henker, das macht die Formulierung der Musik zu einem Politikum», erkannte Eisler. «Die Aufgabe des Komponisten bestand darin, dem Zuschauer die wahre Perspektive der Szene zu vermitteln. Die Musik muß die Bedeutungsakzente durch Roheit setzen. Die dramaturgische Lösung wird angezeigt durch die Assoziation: Tod einer Ratte. Brillant kreischende Sequenz, fast elegant, sehr hoch gesetzt, eine Auslegung der Redensart: auf dem letzten Loch pfeifend. Die Begleitfigur hält sich synchron an die szenische Ausgangsvorstellung. Pizzicato in den Streichern und eine hohe Klavierfigur markieren das Tropfen des Bluts.»[206] Die aggressive Musik Eislers verleiht dem antifaschistischen Film propagandistische Schärfe.

Fritz Lang zog in *Hangmen Also Die* alle Register seines Könnens. Die Überblendungen erinnern an den *Nibelungen*-Film, diesmal gewinnen die ornamentalen Bilder jedoch keine Eigenmächtigkeit gegenüber der Geschichte. Aufschlußreich, wie die amerikanische Kritik die Darstellung der Nazi-Führer beschrieb: Ein prickelndes, unheimliches Gefühl verursache Heydrich; eiskalt wirke der Gestapo-Chef, in einer Art düsterem Luxus lebend. Er könnte Mitglied einer der Monsterorganisationen der zwanziger Jahre sein: *Aus den Mabuses kommen die Heydrichs, die Himmlers.*[207] In *Hangmen Also Die* wiederholte Lang das dramaturgische Grundmuster von *M*: die Jagd nach einem Täter. In seiner Filmanalyse schreibt Enno Patalas, daß das Modell diesmal mit umgekehrten Vorzeichen durchgespielt wird: Das Volk steht nun auf der Seite des Gejagten. «Daraus folgt, daß die früher entwickelten Muster kollektiver Verschwörungen umfunktioniert werden in das Bild nationalen Widerstands.» Für das Volk findet sich ein neues Feindobjekt, «an dem es guten Gewissens handeln kann wie die law loving citizens an den Außenseitern früherer Lang-Filme: den Kollaborateur»[208]. Das Motiv der konspirativen Organisation wird übertragen auf die Widerstandsbewegung. Auf dem Rolltitel zu Beginn des Films heißt es: *In diesem Feuer der Freiheit wird eine geheime Bruderschaft geschmiedet, eine verborgene Armee von Rächern, verschworen, um ihr Land von den Eindringlingen zu befreien.*

Sind in den Motiven und der dramaturgischen Struktur leicht Elemente zu identifizieren, die häufig bei Lang wiederkehren und mithin als typisch für das Werk dieses Regisseurs gelten können, so ist doch ebenfalls der Anteil Brechts unverkennbar. Dies gilt nicht nur für die sprachliche Diktion einzelner Szenen, sondern auch für die politische Moral des Films. Unverhohlen befürwortet er die revolutionäre List gegen die Unterdrücker. (Lang berichtet von tagelangen Auseinandersetzungen mit der Zensurbehörde, die den Film als *Verherrlichung einer Lüge* zuerst verbieten wollte.[209]) Kein anderer Lang-Film läßt sich so direkt auf die politische Realität ein, bezieht so eindeutig Stellung. Trotz der Beimischung von Mabuse-Attributen: Heydrich ist nicht der diabolische Führer eines obskuren Geheimbundes, sondern Repräsentant der faschistischen Besatzungsmacht. Nicht Schicksalsmächte sind am Werk, sondern der organisierte Terror des Hitler-Regimes. *Dieser Film, der den Kampf einer ganzen Nation gegen die faschistischen Eindringlinge in Prag zeigt*[210], kann deshalb mit einem für Lang ungewöhnlich positiven Schlußakzent aus-

«Man Hunt», 1941

klingen: Am Ende steht, auch wenn es keine Rettung für die Geiseln gibt, nicht Resignation oder Fatalismus, sondern Siegesgewißheit für eine gerechte Sache.

Wie sehr Brecht dem antifaschistischen Engagement Langs Richtung und Ziel gab, beweisen zwei Filme, die in den Jahren vor und nach *Hangmen Also Die* entstanden und auf den gleichen Motiv-Fundus zurückgreifen: *Man Hunt* und *Ministry of Fear*. *Man Hunt* (*Menschenjagd*) erzählt die Geschichte des passionierten Jägers Thorndike, der sich unbemerkt an das Berchtesgadener Führer-Quartier herangeschlichen hat. Er hat Hitler schon im Visier, doch er zögert; in diesem Moment wird er von der Wachmannschaft aufgespürt. Er kann flüchten und glaubt sich in London sicher, wird aber weiterhin verfolgt: Der Jäger ist zum Gejagten geworden. In einer oft gerühmten Szene zeigt Lang den Kampf mit deutschen Agenten im U-Bahn-Tunnel: In geradezu geometrischen Arrangements sind lediglich die Schatten der Kämpfenden zu erkennen. Am Schluß steht eine Sequenz mit Kriegsbildern, dann erfahren wir, daß Thorndike in die Royal Air Force eintritt und mit dem Fallschirm über Deutschland abspringt. Der Sprecher kommentiert: Ein Mann, intelligent und trainiert, bewaffnet mit einem Gewehr, befindet sich in Deutschland mit der Absicht, von der Waffe Gebrauch zu machen. Auch wenn es Jahre dauern sollte, bis er seine Aufgabe erfüllen kann. Dieser Schluß zielt unverkennbar auf propagandistische Wirkung – *Man Hunt* ist Langs erster Anti-Nazi-Film, uraufgeführt im Juni 1941, ein halbes Jahr vor Deutschlands Kriegserklärung an die USA. In der Romanvorlage («Rouge Male» von Geoffrey Household) ist von einem anonymen Diktator die Rede; erst Lang und sein Drehbuchautor Dudley Nichols gaben der feindlichen Macht einen Namen. Doch die hinzugefügte Konkretisierung bleibt Staffage in diesem Film, der als psychologischer Thriller angelegt ist und Thorndikes Entschluß, Hitler zu töten, nicht als politische Entscheidung plausibel machen kann.

Ministry of Fear (*Ministerium der Angst*) entstand 1943 auf der Grundlage eines Romans von Graham Greene. Lang sagte spontan zu, weil er den englischen Romancier schätzte; nach Lektüre des Drehbuchs von Seton F. Miller versuchte er erfolglos, sich der Regieverpflichtung zu entledigen. Die Geschichte handelt von dem Strafentlassenen Stephan Neale, der zufällig auf eine Gartenparty gerät und dort einen Kuchen gewinnt. Bald wird ihm von einem mysteriösen Blinden nachgestellt und der Kuchen gestohlen. Es beginnt ein Verwirrspiel, in dessen Verlauf Neale an einer spiritistischen Sitzung teilnimmt, durch ein Nebelmoor irrt und schließlich einer deutschen Spionage-Organisation auf die Spur kommt, die im Kuchen einen Mikrofilm über britische Militärgeheimnisse versteckt hatte. Lang verzichtete darauf, der phantastischen Spionage-Story Glaubwürdigkeit zu verleihen, und konzentrierte sich auf eine mit Paradoxien arbeitende Lichtregie. Altbekannte, zum Klischee erstarrte Symbolwerte werden umgekehrt; Helligkeit bedeutet hier Tod. Man sieht einen vollkommen dunklen Raum, hört einen Schuß und erkennt dann ein winziges Loch, durch das ein Funken Licht fällt: Ein Mann ist durch die Tür erschossen worden. Fritz Langs Stummfilm-Erfahrungen verbinden sich mit Hitchcocks Grundmustern, gebrochen durch ironische, parodistische Momente: Die ablehnende Haltung zum Drehbuch ist dem Film anzumerken. Politische Aufklärungsarbeit leistet *Ministry of Fear* nicht. Ein anderes, nicht realisiertes Projekt mit dem Titel *Men without a Country* (Thema: der Kampf mehrerer Geheimagenten um die Formel eines Strahlengeräts) ist ähnlich zu bewerten: Lang gibt den Spionage-Geschichten jetzt einen Nazi-Hintergrund und entwickelt auf dieser Folie die Atmosphäre von Angst und Bedrohung. Diese Filme, denen auch der 1946 gedrehte *Cloak and Dagger* zuzurechnen ist, nannte Lang seine *Kriegsbeiträge*, unter denen er zu Recht *Hangmen Also Die* als *meinen wichtigsten anti-nationalsozialistischen Film* einschätzte.[211]

Es gab noch ein unerfreuliches Nachspiel: John Wexley beanspruchte die alleinige Autorenschaft an *Hangmen Also Die*. Brecht klagte, obwohl mit dem Film unzufrieden, vor dem Schiedsgericht der Screen Writer Guild, um als Drehbuch-Co-Autor genannt zu werden. (Solche Anrufungen des Schiedsgerichts der Autorengewerkschaft waren in Hollywood

Marjorie Reynolds und Ray Milland in «Ministry of Fear», 1944

nicht ungewöhnlich; bei etwa zwei Dritteln der Fälle erfolgten Umverteilungen der «Credits», d. h. der Anerkennung des geistigen Eigentums im Titelvorspann.) Eisler und Lang sagten für Brecht aus; der Produzent Pressburger weigerte sich (er konnte die von Brecht erpreßte Honorarerhöhung nicht vergessen). Das mag den Ausschlag gegeben haben, jedenfalls wurde die Klage abgewiesen. Das Urteil wurde unter anderem damit begründet, es sei für den Amerikaner Wexley existenzwichtig, sich als Drehbuchautor in Hollywood zu etablieren. Gegen die Entscheidung konnte kein Einspruch erhoben werden. Der Titelvorspann nennt Wexley als Drehbuchautor und fügt hinzu: «nach einem Originalmanuskript von Brecht und Lang». In den Drehbüchern stand noch Lang vor Brecht; Lang trat zurück, um Brechts Anteil stärker hervorzuheben. Bei der Verhandlung vor dem Schiedsgericht begegneten sie sich zum letztenmal. Die Auseinandersetzung findet heute in der Sekundärliteratur ihre Fortsetzung. Das Drehbuch zu *Hangmen Also Die*, obwohl in zwei Fassungen erhalten, wurde von den Herausgebern der Brecht-Werkausgabe nicht in den Supplementband «Texte für Filme» aufgenommen. Unter mehr als 50 Filmentwürfen (Szenarien, Exposés, Skizzen von Filmstoffen) ist *Hangmen Also Die* das einzige Filmprojekt Brechts, das in Hollywood realisiert wurde. Das ist zweifellos ein Verdienst von Lang.

Bertolt Brecht kam das Urteil der Screen Writer Guild später zustatten: Geladen vor den McCarthy-Ausschuß, der nach Kriegsende angeblich antiamerikanische Aktivitäten untersuchte und speziell die Filmmetropole von (vermeintlichen und wirklichen) Kommunisten säubern wollte, konnte er wahrheitsgemäß antworten, in Hollywood nicht als Drehbuchautor beschäftigt gewesen zu sein. John Wexley, dem das Schiedsgericht zu weiteren Aufträgen verhelfen wollte, bekam keine Arbeit mehr: Er war Mitglied der Kommunistischen Partei (weder Lang noch Brecht wußten dies). Auch Lang, weit entfernt von antiamerikanischen Umtrieben oder kommunistischer Unterwanderung, bemühte sich jahrelang vergeblich um Regieaufträge. Schon 1939 hatte der Kongreßabgeordnete Martin Dies erklärt, *Fury* sei ein von Kommunisten inspirierter Film.[212] Nach dem Sieg der Alliierten und dem anschließenden Kalten Krieg setzte in den USA die Politik des roll back ein, was bald zu einer Kommunistenhatz führte. Obwohl nie vor den McCarthy-Ausschuß zitiert, erfuhr Lang hinter vorgehaltener Hand: Sein Name stand auf der Schwarzen Liste.

Film noir

«Wann wird Hollywood erkennen, daß der E. A. Poe des Films in seinen Mauern lebt?» fragte 1943 die Emigrantenzeitung «Aufbau» anläßlich einer Besprechung von *Das Testament des Dr. Mabuse*. «Dunkel, Schrecken und Furcht sind in den schwarzen Schleier der Spannung gestickt, der sich rasch und dicht um den Zuschauer legt.»[213] Die hier beschworene Atmosphäre prägt den Film noir, zu dessen exemplarischen Werken Langs Arbeiten aus den folgenden Jahren gehören. Film noir bezeichnet nicht ein genau definiertes Genre, sondern ist ein eher beschreibender Begriff für amerikanische Filme aus den vierziger Jahren, in denen das Gefühl moralischer Ambiguität und der Desillusion beherrschend wurde. Diese Filme spielen in meist zwielichtigem, oft kriminellem Milieu. Recht und Ordnung, die im traditionellen Kriminalfilm am Schluß triumphieren, sind hier fragwürdig geworden; der Film noir zeigt eine amoralische und korrupte Gesellschaft; er ist weniger an der Sozialkritik als an der Psychologie des Verbrechens interessiert.

Der harte Realismus der «schwarzen Serie» von Gangsterfilmen ist der Ausgangspunkt des Film noir: Die Grenze zwischen Legalem und Illegalem ist verwischt, Brutalität und Gewalt herrschen auf den Straßen, und die Großstadt ist ein Dschungel, in dem das Gesetz des Stärkeren gilt. Raymond Chandler, neben Dashiell Hammett der wichtigste Stofflieferant für Filme der «schwarzen Serie»: «Es wird eine Welt geschildert, in der Verbrecher ein Volk beherrschen könnten und tatsächlich fast ganze Städte beherrschen.»[214] Ein Satz, den man auch auf Langs *Mabuse*-Filme beziehen könnte: dasselbe gesellschaftliche Klima, depressive Stimmungen, die indirekt Krieg und Nachkriegszeit widerspiegeln. Dazu kommen stilistische Entsprechungen, die scheinbar Unvereinbares zusammenfügen: Expressionistische Lichtgebung und Raumgestaltung wurden integriert in einen dokumentarisch wirkenden Realismus. Damit ist zugleich benannt, was den Film noir vom deutschen Stummfilm trennt: Nicht irrationale Schicksalsmächte sind am Werk, sondern erklärbare psychologische Mechanismen, denen gleichwohl der Mensch ausgeliefert ist. Es ist verblüffend, zu beobachten, wie Lang die Strukturen seiner früheren Filme in ein neues Milieu übersetzte. In einem Interview sagte er, als erstes hätte er in Hollywood lernen müssen, auf Symbole zu verzichten. Doch diese Aussage muß man relativieren: Die Symbole werden jetzt subtiler eingesetzt und realistisch fundiert; sie werden von der Logik der

Fritz Lang mit Edward G. Robinson, 1941

Handlung gestützt, ohne an Ausdruckskraft zu verlieren. Die Unausweichlichkeit, mit der ein einmal in Gang gesetzter Prozeß zu seinem Ende geführt wird, braucht keine Anlehnung an Volkslied, Heldenepos oder Mythos; sie findet ihre Begründung in psychoanalytischen Erkenntnissen, die in diesem Jahrzehnt in Amerika weite Verbreitung erfahren. Das Schicksal, gegen das der Held kämpft, ist nun *die Gewalt seiner eigenen bewußten oder unbewußten Triebe*[215].

Woman in the Window (deutscher Verleihtitel: *Gefährliche Begegnung*), 1944 entstanden, ist dafür ein Beispiel. Die Handlung in groben Umrissen: Professor Wanley, gerade Strohwitwer, ist fasziniert von einem im Schaufenster ausgestellten Frauenporträt. Plötzlich bemerkt er, daß das Modell neben ihm steht. Er folgt der Frau in ihr Apartment und wird dort von ihrem Liebhaber überrascht, den er in Notwehr tötet. Die Leiche schafft er in den Wald. Als ein Erpresser sich meldet, sieht er keinen Ausweg mehr und nimmt sich in seiner Verzweiflung das Leben. (Er weiß nicht, daß inzwischen die Polizei den Erpresser als vermeintlichen Mörder erschossen hat.) In diesem Moment weckt der Clubdiener den Professor, der im Sessel eingeschlafen war: alles ist nur ein Alptraum gewesen. Noch benommen geht Wanley hinaus auf die Straße und steht vor dem Porträt. Wieder spricht ihn eine Frau an, panikartig ergreift er die Flucht.

Das Doppelgänger-Motiv ist hier nicht (wie im deutschen Stummfilm) dem Geist der Romantik verpflichtet, sondern der Psychoanalyse. Wanley selbst ist ein ambivalenter Charakter: einerseits ein verantwortungsbewußter Bürger und braver Familienvater, andererseits ein triebhafter Abenteurer, der seine Sehnsüchte jedoch nicht auslebt, sondern verdrängt. Er erlaubt sich Wunschträume und sexuelle Phantasien, solange das Objekt seiner Begierde unwirklich ist wie die Unbekannte auf dem Gemälde. Die plötzliche Erscheinung der Frau öffnet die Tür zu einer anderen Welt, wo die unterdrückten Wünsche Wirklichkeit werden könnten. Der Traum ist leicht zu deuten: Jede Überschreitung bürgerlicher Moral muß bestraft werden; das Schuldbewußtsein treibt Wanley in immer tiefere Verstrickung bis zu Mord und Selbstmord. Die vielen Spiegel und Fenster des Films verstärken den Freudianischen Aspekt. Die Wiederholung der Szene auf der Straße demonstriert, daß Wanley die Lektion des Traums gelernt hat: Er flüchtet in den sicheren Hort des bürgerlichen Familienlebens.

Die unvorbereitete, völlig überraschende Auflösung der Geschichte als Traum war Langs Idee; er wollte den Zuschauer mit dem *Gefühl der Erleichterung*, mit einem Lachen entlassen: *Wenn ich die Geschichte zu ihrem logischen Ende geführt hätte, wäre ein Mensch gefangen und bestraft*

Edward G. Robinson in «The Woman in the Window», 1944

1947

worden für einen Mord, den er in einem einzigen Moment fehlender Kontrolle beging.[216] Dieses logische Ende hätte eine *unfruchtbare Leere* hinterlassen; er verwarf es deshalb als *defätistisch*. Der Filmschluß weicht von der Romanvorlage («Once Off Guard» von J. H. Wallis) ab; Rücksichten auf das Publikum und die Zensur werden Langs Entscheidung beeinflußt haben, was ihm Kritiker, unter ihnen Jean-Paul Sartre, vorgeworfen haben.[217] Das Ende hebt die düstere Konsequenz der Geschichte jedoch nicht auf. Und schon der nächste Film scheint dem Moralgesetz Hollywoods, wonach jedes Verbrechen Strafe nach sich ziehen muß, offen zu widersprechen. *Scarlet Street* variiert dasselbe Grundmuster: Ein gesetzter, frustrierter Ehemann verfällt einer Femme fatale, die ihn schamlos ausbeutet; aus der Sicherheit des kleinbürgerlichen Daseins gerissen, verliert er die Kontrolle über sich und wird zum Mörder. Doch nicht er, sondern der betrügerische Liebhaber der Frau wird verhaftet, des Mordes für schuldig befunden und hingerichtet. Der wahre Täter entgeht der Strafverfolgung. Doch die Stimme der toten Frau, die ihren Geliebten anruft, treibt den Mörder in den Wahnsinn. Liebe kann man nicht erzwingen, und Mord bedeutet das Ende aller Hoffnungen. *Scarlet Street* wurde zunächst von der Zensur nicht freigegeben, doch Lang konnte sich durchsetzen mit der Auffassung, das Leben sei eine härtere Strafe als der Tod.

Scarlet Street ist ein Remake von Jean Renoirs Film «La Chienne»; 1954 drehte Lang mit *Human Desire* erneut ein Remake, diesmal von Renoirs «La Bête humaine». Nicht allein auf Grund der Verlegung ins amerikanische Milieu unterscheiden sich die Neuverfilmungen vom Original. François Truffaut, der die beiden großen Regisseure im gleichen Maße bewundert, hat alle wertenden Vergleiche als unsinnig zurückgewiesen: «Lang sucht andere Dinge als Renoir.»[218] Um Stil und Methode, die persönliche

François Truffaut

Werbeplakat für «Scarlet Street», 1945

Handschrift zu bestimmen, ist ein solcher Vergleich äußerst aufschlußreich. Langs Versionen gelten allgemein als herber, kälter. In Renoirs Filmen gibt es einen Überfluß an Details, die für sich allein Vergnügen bereiten; Lang interessiert allein der tragische Prozeß, und alles für den Handlungsverlauf Irrelevante wird konsequent eliminiert. Renoir vernachlässigt logische Entwicklung und dramatische Wahrscheinlichkeit zugunsten von Improvisation und Spontaneität; bei Lang ist kein Bild, keine Kamerabewegung überflüssig: Funktionale Präzision prägt seinen Regiestil. Renoirs Filme leben von der Präsenz der Darsteller; bei Lang beschränkt schauspielerische Leistung sich auf die notwendige Geste, den notwendigen Ausdruck. Nicht Spielfreude, sondern Disziplin verlangt er von seinen Schauspielern.

Joan Bennett und Gloria Grahame, Edward G. Robinson und Dan Duryea haben als Schauspieler wesentlich beigetragen zu Langs Erfolg als Regisseur des Film noir. Robinson, der in *Woman in the Window* und *Scarlet Street* die männliche Hauptrolle spielte, machte bei allem Respekt vor der Begabung und der Intelligenz des Regisseurs kritische Anmerkungen: Lang sei pedantisch und tyrannisch, weil er die Mittelmäßigkeit verachte.[219] Für einen Hollywood-Regisseur hat Lang erstaunlich selten mit Stars gearbeitet. Sie bringen ein vorgeprägtes, aus anderen Filmen und von ihren öffentlichen Auftritten bekanntes Image mit. Für den Agententhriller *Cloak and Dagger* (1946) engagierte er Gary Cooper, dessen schauspielerische Fähigkeiten Lang offenherzig als recht begrenzt einschätzte: Ein Versuch, das Image des Stars zu benutzen und gleichzeitig zu verändern. Gary Coopers Partnerin war Lilli Palmer in ihrem ersten Hollywood-Film; sie hatte derart unter Langs Wutausbrüchen zu leiden, daß die Studioarbeiter drei Tage streikten, bis dieser versprach, sich zu mäßigen. In ihrem Erinnerungsbuch beschrieb die Schauspielerin Lang als unnahbar und despotisch.[220] Marilyn Monroe spielte in *Clash by Night* (1952), der Verfilmung eines Theaterstücks von Clifford Odets, eine Nebenrolle; es war der erste Film, wo sie nicht bloß als Pin-up-Girl eingesetzt wurde, sondern schauspielerische Qualitäten beweisen konnte. Zusammenstöße gab es auch bei *Rancho Notorious* (1951). *Der Film war auf Marlene Dietrich zugeschnitten*: Lang wollte ihr helfen, das Image vom männermordenden Vamp behutsam an die Realität des Alters anzupassen. In dem Western sollte sie eine Saloon-Dame spielen, deren verruchte Schönheit schon brüchig ist. *Mir schwebte ein Film vor über eine nicht mehr ganz junge, aber immer noch höchst begehrenswerte Frau in einem Tanzlokal und einen alten Revolverhelden, dessen Reaktionsvermögen nachgelassen hat.* Die Dreharbeiten verliefen alles andere als harmonisch, und gegen Ende sprachen Regisseur und Hauptdarstellerin kein Wort mehr miteinander. Aus Langs Bericht ist unschwer herauszuhören, daß eine indirekte Konkurrenzsituation die Atmosphäre vergiftete – Konkurrenz zu jenem Regisseur, der diesen Star geformt hatte. *Oft konnte ich mich mit der Art, wie sie etwas anpackte, schlechterdings nicht einverstanden erklären. Sie stand immer noch sehr unter Sternbergs Einfluß.* «*Sternberg hätte das so und so gemacht*», *sagte sie jeweils.* «*Schon möglich*», *sagte ich,* «*aber ich heiße Lang.*» (*Sternberg ist intelligent und ein guter Regisseur; mit Marlene hat er ein paar ausgezeichnete Filme gemacht.*) *Es war alles höchst unerfreulich.*[221]

Rancho Notorious zeigt eine Welt, in der Männerfreundschaft und ein Ehrenwort noch etwas gelten: Im klassischen Western herrscht eine *sehr einfache und sehr notwendige Ethik*. Ein Mann verfolgt den Mörder seiner Braut; die Spur führt in die Berge nahe der mexikanischen Grenze, zur Farm «Chuck-a-Luck», wo Banditen Zuflucht gewährt wird. Mittelpunkt

Marilyn Monroe mit Keith Andes in «Clash by Night», 1952

des Verbrechernests ist eine ehemalige Saloon-Dame, und bald mischen sich Liebe und Eifersucht in den Racheakt. *Die alte Geschichte. Außerdem interessierte mich ein technisches Detail sehr: der Versuch, ein Lied als dramaturgisches Mittel einzusetzen.*[222] Eine Ballade pointiert die Erzählung aus vergangenen Zeiten; sie fordert dazu auf, zuzuhören, wie der Faden des Schicksals aus Haß, Mord und Rache gesponnen wird. Chuck-a-Luck nennt sich ein altes Glücksspiel, das Lang in einer mexikanischen Grenzstadt kennenlernte; Chuck-a-Luck ist der Titel des Liedes und der Name der Ranch, und so sollte auch der Film heißen. Aber der Produzent befand, Chuck-a-Luck könne man in Europa nicht verstehen und änderte ohne weitere Diskussion den Titel.

Rancho Notorious, so meinte wiederum die deutsche Verleihfirma, sei kein zugkräftiger Titel; in deutschen Kinos lief der Film als *Engel der Gejagten*, und bei der Synchronisation machte man aus der Glücksformel Chuck-a-Luck in der Ballade ein Cheerio.

In Hollywood hat Lang 22 Filme gedreht, mehr als die Hälfte seines gesamten Œuvres. Die Entstehungsgeschichte dieser Filme ist reich an Kämpfen, in denen der Regisseur seine künstlerischen Absichten zu verteidigen hatte. Oft vergeblich. Das in Amerika übliche System von Previews – Voraufführungen, in denen die Publikumsreaktion getestet wird –

Marlene Dietrich, Francis MacDonald und Jack Elam in «Rancho Notorious», 1952

hat Lang immer akzeptiert, nicht aber die ideologischen Auflagen der Traumfabrik und die willkürlichen Eingriffe von Produzenten. Bei *Cloak and Dagger* wurde jene Epilogszene, derentwegen er den Regieauftrag übernommen hatte, vom Produzenten geschnitten und vernichtet: Unter dem Eindruck von Hiroshima und Nagasaki erschien die Warnung, die USA würden nicht die einzige Atommacht bleiben, wenig opportun. Nicht allein politische Motive waren für die nachträgliche Änderung bereits fertiggestellter Filme verantwortlich: Aus Angst vor der Zensur vermieden Produzenten alle irgendwie anstößigen Szenen; man war peinlich darauf bedacht, eine saubere Moral walten zu lassen. In *Man Hunt* mußte aus dem Straßenmädchen, das dem verfolgten Helden Unterschlupf gewährt, eine Waschfrau werden; die Glorifizierung einer Prostituierten hätte nie die Zensur passiert. *Human Desire*, Langs Remake von «La Bête humaine», erreichte schon deshalb nicht das Original, weil Renoir durch die Besetzung der Hauptrolle mit Jean Gabin die Figur des Maschinisten Lantier mit Zügen pathologischer Triebhaftigkeit ausstattete, während in der Hollywood-Version Glenn Ford einen Amerikaner mit normalen sexuellen Bedürfnissen darzustellen hatte – *falls so was überhaupt*

existiert, war Langs sarkastischer Kommentar.[223] Man könnte weitere Beispiele anführen – nur selten konnte Lang seine Vorstellungen ohne Zugeständnisse oder Kompromisse verwirklichen. Neben den Zensurinstanzen der einzelnen Bundesstaaten hatten die Produzenten ein Organ der Selbstkontrolle geschaffen, das die Einhaltung eines bis ins Detail festgelegten Sittenkodex streng überwachte. Lang nahm öffentlich gegen diese Institution Stellung; er wandte sich gegen die *Möchtegern-Erzieher,* die das Volk im *Stadium der Unreife* halten und ihm *Denkmuster* auferlegen wollten. Zensur sei nicht nur nutzlos – man kann Kriminalität und sexuelle Perversionen nicht dadurch aus der Welt schaffen, daß man ihre Darstellung in Literatur und Film verbietet –, sondern auch eine Gefahr für die Demokratie, weil sie den freien Dialog der Meinungen verhindert und dem Wesen nach reaktionär und fortschrittsfeindlich ist: *Zensoren spielen ein sicheres Spiel. Im Namen von Gesetz und Ordnung und Moral weisen sie neue Ideen als subversiv zurück.*[224]

Fritz Lang hat in Hollywood für alle großen Firmen gearbeitet, aber ein Vertrauensverhältnis zu einem Produzenten (wie mit Erich Pommer zur besten Ufa-Zeit) bildete sich nicht. Er mußte erleben, daß Einstellungen,

Joan Bennett in «The Secret Beyond the Door».

die er für *You Only Live Once* und *Western Union* gedreht hatte, plötzlich in den Filmen «Dillinger» und «Buffalo Bill» auftauchten – die Produzenten hatten das Material einfach weiterverkauft. Besonders verbittert war er über Joseph Loseys Remake von *M*; die Neuverfilmung nannte er *absurd: Der Stoff und der Rahmen des Originals waren an eine bestimmte Lokalatmosphäre gebunden, die man nicht verpflanzen kann.*[225] Losey, der mit deutlichen Vorbehalten an die Arbeit heranging, parodierte am Ende Langs Film; verantwortlich für die Produktion zeichnete, wie schon bei dem Original von 1931, Seymour Nebenzal, dem Lang dies nie verziehen hat. Nach solchen Erfahrungen kann sein Fazit kaum verwundern: *Es gibt kein Copyright für einen Regisseur noch für irgend jemand, der sich in dieser Industrie des Unglücks befindet.*[226]

Um sich ein gewisses Maß an Unabhängigkeit zu sichern, gründete Lang 1945 zusammen mit Walter Wanger und dessen Frau Joan Bennett eine eigene Produktionsfirma. Mit *Scarlet Street* hatte die Diana Productions einen guten Start. Der zweite Film aber, *Secret Beyond the Door* – unverkennbar inspiriert durch Hitchcocks «Rebecca» –, wurde zum geschäftlichen Mißerfolg. Der Niedergang Hollywoods, ab 1950 durch das

Gloria Grahame in «The Big Heat», 1953

Fernsehen beschleunigt, hat auch in der Biographie dieses Regisseurs Spuren hinterlassen. Die Zeiten erzwungener Arbeitslosigkeit konnte er oft nur beenden durch die Annahme von Brotarbeiten, Aufgaben, die er mit Routine und Professionalität bewältigte. Beispiele dafür sind die psychologischen Kriminalfilme *House by the River* (1950) und *The Blue Gardenia* (1953) oder der nach einem romantischen Abenteuerroman gedrehte Kostümfilm *Moonfleet* (1955). Mit *American Guerilla in the Philippines* (1950) inszenierte er einen Kriegsfilm der billigsten Sorte. Hollywood versuchte, den Konkurrenten Fernsehen mit CinemaScope und Technicolor zu schlagen, aber nach *American Guerilla in the Philippines* meinte Lang, die große Leinwand sei nur *gut, um Schlangen und Beerdigungen zu zeigen – und marschierende Soldaten. Aber ich möchte auf keiner einzigen Leinwand mehr marschierende Soldaten sehen.*[227] Seine Haltung schwankte zwischen Zynismus und Resignation. Mit jedem Film, bemerkte Truffaut, breitete sich sein Pessimismus weiter aus und ließ kaum noch positive Gegenbilder zu.[228] In *While the City Sleeps* (1956) – schon der Titel verweist auf die Zugehörigkeit zum Film noir – gibt es keine sympathischen Gestalten mehr; alle Personen sind skrupellos und berechnend bei der Verfolgung ihrer ehrgeizigen Ziele. Karrieresüchtige Journalisten versuchen, sich bei der Jagd nach einem Lustmörder zu übertreffen; sie scheuen weder unsaubere Methoden noch niederträchtige Intrigen. Der Fernsehkommentator Mobley ködert den Mörder mit seiner eigenen Braut – Frauen sind Schachfiguren in einem erbarmungslosen Spiel um Geld und Macht.

Gewalt, vor allem gegen Frauen gerichtet, prägt den Film *The Big Heat*, gegen den der Katholische Filmdienst bei der deutschen Premiere starke Vorbehalte anmeldete wegen des «Hangs zu Grausamkeit und roher Attraktion»[229]. Tatsächlich enthält dieser Film noir ein paar schockierende Szenen: Eine brennende Zigarette wird auf der Hand eines Barmädchens ausgedrückt, kochender Kaffee in das Gesicht der Gangsterbraut Debbie geschüttet, die für immer entstellt sein wird. Solche sadistischen Szenen spekulieren jedoch nicht auf fragwürdige Publikumsbedürfnisse, sondern sind äußerst überlegt eingesetzt. Fritz Lang wußte, daß Furcht vor Schmerzen den Zuschauer berührt; er wollte ihn zum Komplicen machen, an den elementaren Rachegefühlen des Helden teilzuhaben.

Dem Film liegt ein Fortsetzungsroman aus der «Saturday Evening Post» zugrunde: Zeitungen waren immer Langs Stoffreservoir. *The Big Heat* zeichnet das Bild einer Gesellschaft, in der Gewalt und Korruption die Herrschaft übernommen haben; Chef des Syndikats, das die Bevölkerung terrorisiert, ist der Leiter der Stadtverwaltung. Sergeant Bannion ist zunächst nicht mehr als ein hartnäckiger Polizist, der den Kampf gegen das organisierte Verbrechen aufnimmt. Er fordert die Gangster heraus und bezahlt dafür mit dem Tod seiner Frau. Daraufhin läßt er sich vom Polizeidienst suspendieren und stellt sich damit außerhalb der Legalität: Nichts soll ihn hindern, Rache zu üben. Bannion gewinnt die Hilfe von Debbie, die – nachdem Vince sie grausam verunstaltet hat – ebenfalls vom Gedanken der Rache besessen ist. Die Witwe eines in die Korrup-

Ida Lupino, Fritz Lang und Dana Andrews bei den Dreharbeiten zu «While the City Sleeps», 1956

tionsaffäre verwickelten Polizisten erpreßt die Gangster; zu ihrer Sicherheit hat sie bei einem Anwalt das belastende Material hinterlegt. Als Debbie davon erfährt, tötet sie kaltblütig die Erpresserin. Am nächsten Tag wird das entlarvende Material veröffentlicht, die Macht des Syndikats ist gebrochen. Bannion tritt wieder in den Polizeidienst ein. Doch mitten in die Feier platzt die Nachricht von einem neuen Gewaltverbrechen.

Charakteristisch für die Kriminalfilme der «schwarzen Serie» ist der Privatdetektiv, der in dem diffusen Bereich zwischen Ordnung und Verbrechen agiert. Auch der vom Dienst suspendierte Polizist Bannion bewegt sich in einer Grauzone, wo sich Gesetzesauftrag und privater Rachefeldzug vermischen. Es fehlt ihm aber der kaltschnäuzige Zynismus der Detektive. Fritz Lang gewinnt seinen Figuren eine moralische Rigorosität ab, die sie über die Serienhelden des Film noir hinaushebt. François Truffaut: «In einen Konflikt gestürzt, der eine Herausforderung an den Realismus ist, schreiten die Figuren Langs durch ihre Nacht, derart ans Ende ihrer selbst getrieben, daß die Schurken zum Bösen schlechthin werden und die Guten an das Erhabene heranreichen.»[230] Bannion ist ein Siegfried, der gegen den Drachen kämpft; Debbie überschreitet die Grenze, vor der er noch zurückschreckt. Sie ist ein Racheengel, dessen zerstörerische Mission Reinigung einer unmoralischen Welt bedeutet und Selbstvernichtung einschließt.

In *Beyond a Reasonable Doubt* (*Jenseits allen Zweifels*), 1956, drei Jahre nach *The Big Heat* entstanden, gibt es keine Helden mehr. Der Film ist ein raffiniert aufgebautes Verwirrspiel, dessen Ende manche Irritation und Fehldeutung hervorgerufen hat. Die Story: Mit fingiertem Beweismaterial setzt sich Tom Garrett in Szene und läßt sich wegen Mordes anklagen, um für eine Pressekampagne einen Fall gegen die Todesstrafe zu konstruieren. Garrett wird durchgängig mit kritischer Distanz betrachtet: Sein Verhalten zu Susan, seiner Verlobten, wirkt wenig sympathisch; er ist selbstzufrieden und vertraut viel zu sehr darauf, daß nach der Aufdeckung des Falls alles wieder in Ordnung kommt. Dann stirbt der einzige Mensch, der ihn vor Gericht entlasten kann, bei einem Autounfall – und der Zuschauer ist fast froh darüber, daß Garrett kein leichtes Spiel hat. Susan kämpft mit Erfolg für Garretts Freispruch. Befriedigt wartet der Zuschauer auf das Happy-End, als Garrett sich verrät und Susan erfährt, daß er tatsächlich der Mörder ist. Sie zeigt ihn an, und er wird hingerichtet.

Die Erzählstruktur des Films ist bestimmt von den kalkulierten Zuschauerreaktionen; subtil sind Fallen eingebaut, so daß die überraschende Umkehrung am Schluß zwingend logisch erscheint. In *Beyond a Reasonable Doubt* gibt es keine Aussage, an der sich der Zuschauer orientieren kann. Alle Personen handeln aus niederen Motiven. (Das gilt sogar für Susan: Sie zeigt Garrett an, weil sie sich in jemand anderen verliebt hat.) Akzeptiert man das Fazit des Regisseurs Jacques Rivette, daß dieser Film «die einfache Beschreibung einer Erfahrung» ist[231], muß man konstatieren: Er offenbart ein zutiefst pessimistisches Menschenbild, in dem alle ohne Ausnahme schuldig sind. Einige Kritiker glaubten, der Regisseur von *M* und *Fury* verleugne sein bisheriges Werk und rechtfertige die Todesstrafe, weil die Justiz, obwohl sie irrt, einen wirklich Schuldigen auf den elektrischen Stuhl bringt. Solche Mißverständnisse wären zu vermeiden gewesen, denn über seine Einstellung wollte Lang keine Zweifel aufkommen lassen: Überzeugt, daß *die Wirklichkeit des elektrischen Stuhls das wirkungsvollste Argument gegen die Todesstrafe ist,* filmte er eine beklemmend realistische Hinrichtungsszene. Fritz Lang hatte die Todeszellen in Sing Sing und San Quentin besichtigt. Als dem Produzenten dies zugetragen wurde, kam es zu heftigen Auseinandersetzungen, und der Regisseur überließ es dem Cutter, den Film im Schneideraum zu beenden. *Ich hatte genug von Hollywood. Ich habe dort zu viele Leute an Herzinfarkt sterben sehen.*[232] Er zog sich zurück, lehnte alle Angebote ab; Truffaut schrieb, Lang sei «nicht nur ein genialer Künstler, sondern auch der isolierteste und unverstandenste unter den heutigen Filmautoren»[233]. Sein Urteil über Hollywood – wo man nach dem Prinzip «Erfolg ohne Risiko» produzierte und eben deshalb noch tiefer in die ökonomische Krise geriet – war zugleich eine bittere Bilanz seines eigenen Lebens: *Heute nenne ich den Film eine Industrie. Und er hätte Kunst sein können. Man hat eine Industrie daraus gemacht. Man hat die Kunst getötet. Aber damit auch die Industrie.*[234]

Die letzten Jahre

Fritz Lang nutzte die neu gewonnene Zeit zu ausgedehnten Reisen. 1956 kam er erstmals wieder nach Deutschland, das er nach dem Gespräch mit Goebbels vor 23 Jahren in panikartiger Flucht verlassen hatte. In München und Frankfurt besuchte er alte Freunde. Mit den Ufa-Stars Brigitte Helm, Gerda Maurus und Willy Fritsch sowie dem Kameramann Fritz Arno Wagner tauschte er Erinnerungen aus; er traf sich mit Theodor W. Adorno, den er in der Emigration kennengelernt hatte. Im Frühjahr 1957 besichtigte er das zerstörte Berlin. Als er die Ruine der Gedächtniskirche, den Reichstag und das Lützow-Viertel sah, war er erschüttert; doch Wiederaufbau und Wirtschaftswunder entlockten ihm den Kommentar, es habe ihn *getröstet, daß es den Banken und Versicherungen so auffallend gut geht*[235]. Sentimentalitäten wollte er nicht aufkommen lassen, die Pressemeldung: «Fritz Lang bleibt in Deutschland» war verfrüht: Er reiste wieder ab, sein Zuhause war Hollywood.

Deutsche Filmproduzenten hatten Lang sofort Angebote gemacht; ein Störtebeker-Projekt war im Gespräch, in den Zeitungen wurde «Schloß Speerenberg, 20. Juli 1944» angekündigt. Doch erst als Artur Brauner um die Jahreswende 1957/58 per Telegramm anfragte, ob er nicht ein Remake von *Das indische Grabmal* machen wolle, sagte er zu. Nach Joe Mays Stummfilm von 1921 hatte Richard Eichberg mit der Tänzerin La Jana 1938 Thea von Harbous Drehbuch erneut verfilmt. Lang sah nun die Möglichkeit, diesen Stoff, den man ihm damals *gestohlen* hatte und der schon zweimal ausgebeutet wurde, selbst zu inszenieren – *alles wiederholt sich im Leben*, glaubte er[236], doch gerade dies erwies sich als trügerische Hoffnung. Es entstand ein farbenprächtiger, naiver Abenteuerfilm, dessen simple kolonialistische und rassistische Muster als anachronistisch empfunden werden mußten. Die nostalgische Reminiszenz an die Sensationsfilme einer längst vergangenen Epoche fand bei der Kritik keinerlei Verständnis: «Dramaturgisches Ungeschick, künstlerische Indifferenz und schlechter Geschmack vereinen sich in dem Film wie sonst nur bei Veit Harlan.»[237] Die beleidigende Gleichsetzung des Emigranten mit dem prominenten Nazi-Regisseur blieb keine Ausnahme; ein anderer Kritiker schrieb an Stelle einer Besprechung einen Nachruf: «Hier liegt Fritz Lang, einst Schöpfer so gewichtiger Filme wie *Metropolis* und *M*. Das *Indische Grabmal* ist sein eigenes.»[238]

Alexander Kluge

Das geplante Comeback wurde zum Desaster. Wie es zu der künstlerischen Katastrophe kommen konnte, ist einem Bericht Alexander Kluges zu entnehmen, der bei den Dreharbeiten hospitierte: «Das sollte sein letztes Werk werden, und er hatte umfassende, fast wagnersche Vorstellungen, wie die Leprakranken aus dem Untergrund hervordringen, welche Perspektivität Willy Schatz ihm bauen sollte, was der Oberbeleuchter ihm ans Licht bringen sollte. Hier regierten der Produzent und seine Schwägerin mit massiver, wirklicher Gewalt hinein, gaben direkte Anweisungen an den Oberbeleuchter, an den Bühnenarchitekten, an alle Mitarbeiter, die ja ihre Angestellten waren; jede zweite Idee von Fritz Lang wurde als zu teuer, als zu abwegig unterminiert. Zum Trost erhielt Fritz Lang am Abend Sekt, den er nicht trank. Das war die Zerstörung eines Filmkonzepts.»[239] Artur Brauner schätzte *Das indische Grabmal* als «Konsumfilm» ein; für den ebenso ehrgeizigen wie geschäftstüchtigen Produzenten war der Film ein kommerzielles Spekulationsobjekt. *Die Indien-Filme wurden nur gemacht, weil der Produzent von mir einen deutschen Film mit einem populären Sujet und einem Budget von vier Millionen Mark wollte, der nach seiner Vorstellung dann automatisch ein internationaler Erfolg werden müßte, auch in Amerika. Das war eine amüsante Herausforderung, das Sujet gab alle denkbaren Möglichkeiten her.*[240] Die Spekulation ging auf: Der zweiteilige Film spielte weit mehr als seine Kosten ein. Aber nach einigen Jahren Abstand gestand der Regisseur, daß er die *Indien-Schnulzen* hasse.[241]

Werbeplakat zu dem Film «Das indische Grabmal», 1959

Film war für Lang ein *Laster*, von dem er nicht lassen konnte [242] – wider besseres Wissen akzeptierte er, noch einmal für den Produzenten Brauner zu arbeiten. Dessen CCC-Film, 1946 gegründet, hatte eine Sonderstellung auf dem deutschen Filmmarkt; unabhängig von den wiedererstandenen Konzernen oder Verleihfirmen konnte er auf eigenem Ateliergelände produzieren. Der Name Lang hatte für ihn historischen Glanz. Artur Brauner hatte die fatale Vorstellung, der siebzigjährige Altmeister müsse berühmte Erfolge der frühen Ufa-Zeit erneut in Szene setzen. Nacheinander schlug er Remakes vor von *Die Nibelungen, Der müde Tod, Metropolis*, Joe Mays «Die Herrin der Welt», Murnaus «Nosferatu», schließlich gar von «Das Cabinett des Dr. Caligari». Lang lehnte entschieden ab. Allein ein «Faust»-Projekt fand sein Interesse; es scheiterte an Finanzierungsproblemen. Eigene Stoffe – er arbeitete mit den Drehbuchautoren Werner Jörg Lüddecke und Heinz Oskar Wuttig an den Szenarios *Unter Ausschluß der Öffentlichkeit* sowie *Und morgen: Mord!* – konnte er nicht durchsetzen. Artur Brauner gab nicht auf, sein nächster Vorschlag war *Das Testament des Dr. Mabuse*, doch Lang protestierte: *Ich werde nicht anfangen, Remakes meiner eigenen Filme zu machen.*[243] Aber es reizte ihn, *Mabuse dreißig Jahre später zu zeigen, ausgerüstet mit den neuesten technischen Möglichkeiten*. So entstand 1960, mit Peter van Eyck und Gert Fröbe in den Hauptrollen, *Die tausend Augen des Dr. Mabuse*. Wieder greift der Verbrecher nach der Weltherrschaft, wobei Lang neue Themen einführt: Atombombe und totale Überwachung. Doch ein visionäres Zeitbild wie seine Vorläufer wurde der neue *Mabuse*-Film nicht; von einigen raffiniert inszenierten Details abgesehen, unterscheidet sich *Die tausend Augen des Dr. Mabuse* kaum von den Kriminalreißern der damals erfolgreichen Edgar Wallace-Serie. Offenbar war dies vom Produzenten Brauner auch so geplant: Ein Jahr später brachte er «Im Stahlnetz des Dr. Mabuse» in die Kinos, Regie führte der durch seine Karl May-Verfilmungen bekannt gewordene Routinier Harald Reindl. 1962 folgte dann ein Remake von *Das Testament des Dr. Mabuse*, inszeniert von Werner Klingler. Die aus einem Fortsetzungsroman stammende Mabuse-Figur, in Langs Interpretation zu Filmkunst geworden, sank wieder herab zum Serienhelden des Trivialkinos.

Die tausend Augen des Dr. Mabuse wurde Langs letzter Film: kein krönender Abschluß, sondern das Scheitern einer verzweifelten Hoffnung, noch einmal an die alten Erfolge anknüpfen zu können. Fast gleichzeitig erschienen in den Zeitungen Würdigungen zum 70. Geburtstag und vernichtende Kritiken, deren Tenor in der Überschrift «Lang ist es her» zum Ausdruck kommt. Deprimiert und zornig verließ er das Land, in dem er einst gefeiert worden war. In New York gab er einer Journalistin zu Protokoll: *Nach vierzehnmonatiger Arbeit dort, zwei Jahre ist das jetzt her, habe ich schließlich definitiv die Idee aufgegeben, noch einmal einen Film in Deutschland zu machen. Die Leute, mit denen man da arbeiten muß, sind*

Lang bei den Dreharbeiten zu «Das indische Grabmal» 1959

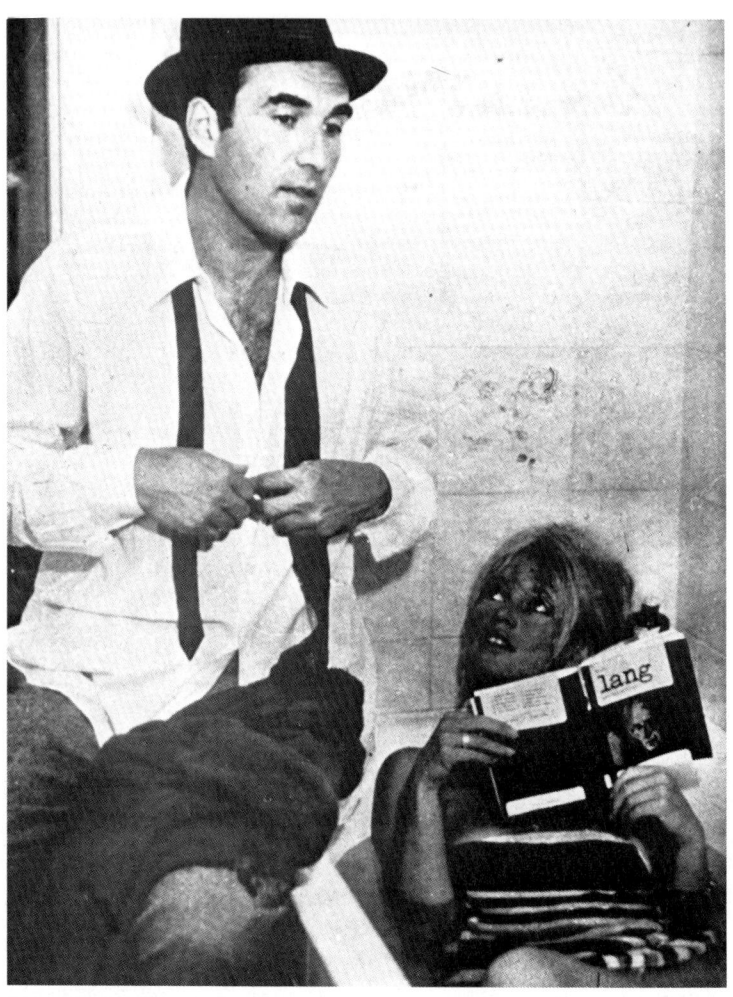

Michel Piccoli und Brigitte Bardot in «Die Verachtung», 1963

wirklich unerträglich. Nicht nur, daß sie keine Versprechen halten, schriftlich oder nicht, es ist auch noch so, daß die Filmindustrie (wenn es überhaupt noch möglich ist, den kümmerlichen Rest dessen, was das Land einmal in seiner Filmproduktion weltberühmt gemacht hat, so zu nennen) heute geleitet wird von ehemaligen Rechtsanwälten, SS-Männern oder Exporteuren von Gott weiß was. Ihre Hauptarbeit besteht darin, Coproduktionen unter solchen Bedingungen zustande zu bringen, daß ihre Kassen-

bücher bereits Überschüsse aufweisen, bevor man den Film überhaupt angefangen hat.[244] Die deutsche Filmproduktion jener Jahre bestand größtenteils aus Heimatfilmen und minderwertiger Unterhaltungsware, von Brauner als «Trallala-Filme» bezeichnet. Erst 1962, mit der im Oberhausener Manifest formulierten Parole «Opas Kino ist tot!», meldete sich eine junge Generation zu Wort.

Aber lag es allein an mangelnden Arbeitsmöglichkeiten, daß Lang nicht nach Deutschland zurückkehrte? Volker Schlöndorff, der seinen ersten Kurzfilm «dem größten lebenden Filmschöpfer Deutschlands, Fritz Lang» widmete, berichtet, daß er ein Fremder blieb, der sein Leben in Hotels zubrachte: «Weder Freunde noch Publikum hat er wiedergefunden. Deutschland verzeiht seinen Emigranten nicht ... Der wienerische Akzent Langs, sein Monokel, sein Regenmantel à la ‹Gentlemen-Farmer›, seine Höflichkeit gehören zu einem Deutschland, das es nicht mehr gibt. Lang ist nicht anerkannt worden. Weil er nicht ausgehen kann, ohne sich fremd zu fühlen, schließt er sich in der internationalen Anonymität eines Hotelzimmers ein ... Er denkt nur noch an Deutschland, was es war, was es gemacht hat und was aus ihm geworden ist. Um dieses Land,

Fritz Lang bei den 21. Internationalen Filmfestspielen in Berlin, 1971, mit Lil Dagover und Gustav Fröhlich

das er immer noch liebt, wieder zu finden, muß er fortgehen und sich erneut den Emigranten in Frankreich und Amerika anschließen.»[245]

Von seinen amerikanischen Filmen waren nur wenige nach 1945 in Deutschland gezeigt worden, und sie fanden hier kaum Beachtung, während in Frankreich jeder neue Lang-Film ausführlich rezensiert wurde. In der Zeitschrift «Cahiers du Cinéma», zu deren Mitarbeitern die Regisseure der Nouvelle vague zählten, schrieben Claude Chabrol und François Truffaut, Jacques Rivette und Jean-Luc Godard über Lang, und selbst *Das indische Grabmal* wurde in die Liste der besten Filme des Jahres aufgenommen. An der Cinémathèque Française setzten sich Henri Langlois und Lotte H. Eisner, die den Regisseur 1932 in Berlin kennengelernt hatte, für Lang ein und organisierten eine Retrospektive. Die jungen Filmenthusiasten verehrten den alten Mann, der nur widerstrebend nach Paris gekommen war: *Dieser Empfang, diese Worte vor dem Publikum der Cinémathèque, das habe ich Frau Eisner schon gesagt, schienen mir wie ein Denkmal für einen Mann, der leider noch nicht tot ist. Aber Frau Eisner hatte recht. Es war tatsächlich ein junges Publikum. Ich war gerührt, sehr gerührt.*[246]

Jean-Luc Godard holte ihn vor die Kamera: In «Le Mépris» («Die Verachtung») spielte Fritz Lang sich selbst, einen Regisseur, der seinen Film gegen die Eingriffe des Produzenten zu verteidigen hat. Weil er fürchtet, daß Lang einen kommerziell untauglichen, altmodischen Odysseus-Film drehen wird, engagiert der amerikanische Produzent Prokosch (Jack Palance) den Autor Paul Javal (Michel Piccoli), der während der laufenden Dreharbeiten das Buch umschreiben soll. Wegen dieser Arbeit (und weil er sie nicht vor den Nachstellungen des Produzenten schützt) verachtet Camille (Brigitte Bardot) ihren Mann, den sie am Schluß verläßt. Javal erkennt in dem antiken Stoff Parallelen zu dem Verfall seiner eigenen Ehe; der Film im Film, dessen Inszenierung Godard Lang freistellte, verbindet den alltäglichen Kampf des Individuums mit der Schicksalsmacht der Götter. Übrigens wirkte auch Godard in einer kleinen Rolle mit. Die Cutterin Agnès Guillemot: «Godard verhielt sich gegenüber Fritz Lang fast wie ein kleiner Junge. Sehr respektvoll. Er spielt im Film ja auch den Assistenten von Fritz Lang. Das war auch seine Einstellung zu ihm.»[247] Gegenseitige Bewunderung, aber auch Distanz bestimmte das Verhältnis. Bei «Le Mépris» beobachtete Lang eine ihn befremdende Arbeitsweise: Godard improvisierte bei den Dreharbeiten. Fritz Lang, der selten positive Worte über die Arbeit von Kollegen fand, akzeptierte Godard: *Er ist sehr aufrichtig. Er liebt den Film. Und er ist fanatisch, wie ich es selbst einmal war.*[248]

«Le Mépris» ist ein intellektueller Essay-Film, eine Hommage an Lang, der sich selbst zitiert und zu dem Schluß kommt: *Ein Filmproduzent ist eine Sorte Mensch, ohne die ich sehr gut auskommen könnte*. Er spricht in dem Film ein Gedicht von Brecht mit dem Titel «Hollywood»: «Jeden Morgen, mein Brot zu verdienen / Gehe ich auf den Markt, wo Lügen gekauft werden. / Hoffnungsvoll / Reihe ich mich ein zwischen die Verkäufer.»[249] Als Brecht dieses Gedicht schrieb, meinte er damit auch die

Arbeit an *Hangmen Also Die*; am Ende seines Lebens stimmte Lang dieser kritischen Sicht auf die Traumfabrik zu. «Le Mépris» reflektiert das Spannungsverhältnis zwischen künstlerischer Intention und ökonomischer Abhängigkeit, und Godard nahm im Film vieles vorweg, was nach der Fertigstellung mit «Le Mépris» passierte. Denn trotz Starbesetzung lieferte Godard keinen Publikumsfilm, wie ihn sich der Produzent Carlo Ponti gewünscht hatte. Einige Nacktaufnahmen der Bardot wurden nachträglich eingefügt, und überdies bearbeitete der deutsche Verleih den Film derart, daß manches unverständlich bleiben mußte. Die Szenen aus dem Odysseus-Film, die Prokosch im Film als langweilig und unverkäuflich empfand, wurden fast vollständig vom Verleih aus der deutschen Fassung entfernt. «Le Mépris» wurde verstümmelt, aber nicht zerstört: ein Dokument der Auflehnung gegen die Industrie. Fritz Lang, so Godard im Interview, «symbolisiert das Kino, er ist dessen Botschafter»[250]. *Der Tod ist keine Lösung*, diesen Satz sagt Lang im Film. Am Schluß verunglücken Camille und Prokosch tödlich, doch dies ist nicht das Ende: In der letzten Einstellung sieht man Lang, der weiterdreht, obwohl es keinen Produzenten mehr für den Film gibt.

Zurück in Beverly Hills bemühte sich Lang, seinen schlechten Gesundheitszustand zu verheimlichen: Er wollte noch Filme drehen. Ein Szenario mit dem Titel *Death of a Career Girl* wurde entworfen, Jeanne Moreau sollte die Hauptrolle spielen. Er wollte den *Menschen von heute* zeigen, *der den tieferen Sinn des Lebens vergessen hat*, kündigte einen gesellschaftskritischen Film über Jugendprobleme an – es blieben alles Pläne. Der Alterungsprozeß war nicht mehr aufzuhalten, und schließlich mußte er eingestehen: *Ich bin blind, blind wie eine Fledermaus, was heißt wie eine Fledermaus, blind wie ein Huhn. Meine Augen haben nie etwas getaugt. Ich war immer stark kurzsichtig. Können Sie sich das vorstellen: Ein blinder Filmregisseur. Links habe ich das Monokel getragen, das hat fürchterlich arrogant ausgesehen. Mit dem Monokelauge habe ich inszeniert. Mit dem anderen habe ich geschnitten, da mußte ich den Film aber schon ganz nahe halten ...*[251]

Nun wurde er mit Ehrungen überhäuft, und wieder machte Frankreich den Anfang: 1965 verlieh ihm André Malraux den Orden eines «Officier des arts et des lettres»; erst ein Jahr später bekam er das Große Bundesverdienstkreuz. Auszeichnungen in Italien und Jugoslawien, Retrospektiven in München, Ottawa und Moskau folgten. 1971 kam er, nach vierzigjähriger Abwesenheit, wieder in seine Heimatstadt, wo ihm die «Ehrenmedaille der Stadt Wien» überreicht wurde. In der internationalen Filmwelt war der Grand Old Man ein gern gesehener Ehrengast. Bei den Berliner Filmfestspielen 1963 wurde er mit dem Filmband in Gold ausgezeichnet; im Jahr darauf war er Jury-Vorsitzender bei der Mannheimer Filmwoche für Dokumentarfilme und Präsident der Spielfilmjury beim Festival in Cannes. Souverän bewältigte er die ihm übertragenen Aufgaben und gab zur Freude der Journalisten ironische Kommentare ab. Auf die Frage: «Fürchten Sie nicht, bei der Vorführung so vieler Filme im Palais des Festivals einzuschlafen?» antwortete er: *Im allgemeinen schlafe ich sehr schlecht. Ihre Frage gibt mir Hoffnung.*[252] Als Zeuge einer vergangenen Filmepoche ließ er sich bereitwillig von Studenten ausfragen und stellte sich zahlreichen Interviews. Nachdem er die Achtzig überschritten hatte, pflegte er sich selbst als den *Letzten der Dinosaurier* zu bezeichnen.

Fritz Lang hat unter dem Alter sehr gelitten. Einem Freund sagte er: *Laß dir von niemandem erzählen, das Alter sei eine gute Sache; es raubt dir deine Kräfte, macht dich hilflos, entfernt einen immer weiter von dem, was man sein will, und es gibt nichts, was man dagegen tun kann.*[253] 1972 lud George Cukor die Hollywood-Veteranen zu einem Essen, an dem John Ford, Billy Wilder, Alfred Hitchcock und viele andere Altmeister teilnahmen. Fritz Lang mußte wegen seines Gesundheitszustands absagen, und so kam am nächsten Tag Luis Buñuel zu ihm. Es war ihre erste persönliche Begegnung, und der siebzigjährige Buñuel, dem einst *Der müde Tod* den Weg gewiesen hatte, bat den zehn Jahre älteren Lang um ein Foto mit Autogramm.[254] Die letzten Jahre waren eine Qual; aus Resignation wurde Lebensekel. Nach langer Krankheit starb Fritz Lang, 85 Jahre alt, am 2. August 1976 in Beverly Hills.

Anmerkungen

1 Gene D. Phillips: «Fritz Lang Remembers». In: «Focus on Film», Nr. 20 (Frühjahr 1975), S. 51
2 Mary Blume: «Fritz Lang Visits His Children». In: «International Herald Tribune», 10. April 1969
3 Ebd.
4 Fritz Lang in: Hermann Treuner (Hg.), «Filmkünstler. Wir über uns selbst». Berlin 1928 (o. P.)
5 *Autobiography*. In: Lotte H. Eisner, «Fritz Lang». London 1976. S. 9
6 Ernst Bloch: «Erbschaft dieser Zeit». Frankfurt a. M. 1973. S. 173f
7 *Autobiography*, a. a. O., S. 12
8 Treuner, a. a. O.
9 Beitrag zu der Umfrage: «Mein Steckenpferd». In: «Die Filmbühne», Jg. 3/1929, Nr. 5, S. 4
10 *Autobiography*, a. a. O.
11 Peter Bogdanovich: «Fritz Lang in America». New York 1969. S. 118
12 *30 Kreuzer täglich*. In: «Die Literarische Welt», Jg. 3/1927, Nr. 42, S. 4
13 Treuner, a. a. O.
14 *Autobiography*, a. a. O.
15 Treuner, a. a. O.
16 *Autobiography*, a. a. O.; Treuner, a. a. O.
17 Bogdanovich, a. a. O., S. 119. Über den Einfluß Louis Feuillades auf Lang vgl. Edwin Elliker: «Das entfesselte Medium». In: «Filme», Nr. 10, 1981, S. 42f
18 «Fritz Lang Seminar» (Interview). In: «Dialogue on Film», Jg. 3/1974, Nr. 5, S. 2
19 Dokument des K. K. Landwehr-Feldkanonenregiments Nr. 13, zit. bei Rolf Hempel: «Fritz-Lang-Mythos – für wen?». In: «Prisma» 3, Berlin/DDR 1972, S. 236f
20 Inhaltsangabe nach: «Paimann's Film-Liste» Nr. 83, 28. September 1917. Nach Erich Pommers Erinnerung trug Langs erstes, nicht realisiertes Filmskript den Titel *Die Peitsche* (vgl. Herbert G. Luft: «Erich Pommer». In: «Films in Review», Jg. 10 1959, S. 460); Lang hat diese Darstellung nicht bestätigt
21 «Der Kinematograph», Nr. 558, 5. September 1917. Vgl. «Paimann's Film-Liste» Nr. 163, 2. Mai 1919
22 *Vom gütigen Tod*. In: «Berliner Tageblatt», 1. Januar 1927
23 *Autobiography*, a. a. O., S. 13
24 Dokument des K. K. Feldartillerieregiments Nr. 13, zit. bei Hempel, a. a. O., S. 238
25 Michel Ciment u. a.: «fritz lang à venise». In: «Positif», Nr. 94 (April 1968), S. 10
26 Siegfried Kracauer: «Von Caligari zu Hitler». Frankfurt a. M. 1979. S. 29; Ulrich Gregor und Enno Patalas: «Geschichte des Films» Bd. 1. Reinbek 1976. S. 47
27 Bertolt Brecht: «Gesammelte Werke». Frankfurt a. M. 1967. Bd. 18. S. 137

28 Ludwig Spitzer: «Fritz Lang über den Film der Zukunft». In: «Die Filmtechnik», Jg. 1/1925, Heft 2, S. 35
29 Bogdanovich, a. a. O., S. 18
30 «Der Film», Nr. 3/1919, S. 27; Nr. 18/1919, S. 32–34
31 «Der Kinematograph», Nr. 639, 2. April 1919
32 Walter Fritz: «Lilith und Ly – ein unbekannter Film von Fritz Lang». In: «Filmkunst», Nr. 44a (1965), S. 4 sowie «Kino in Österreich 1896–1930». Wien 1981. S. 108–112
33 «Erste internationale Filmzeitung», 18. Oktober 1919, Nr. 41, S. 1919
34 Vgl. die Decla-Anzeige mit Pressezitaten in: «Der Film», 9. November 1919, Nr. 45 (o. P.)
35 Eisner, a. a. O., S. 16
36 *Autobiography*, a. a. O., S. 14
37 «Paimann's Film-Liste» Nr. 165, 16. Mai 1919
38 *Autobiography*, a. a. O., S. 11
39 L. B. in: «Der Kinematograph», Nr. 664/1919
40 Ebd., Nr. 666/1919, S. 26, 29
41 «Der Film», Nr. 41/1919, S. 43f
42 *Der goldene See*. Berlin 1920. S. 3. Die folgenden Romanzitate S. 14, 17, 19, 21
43 «Der Film», Nr. 41/1919, S. 43f
44 Rudolf Arnheim: «Die Frau im Mond». In: «Die Weltbühne», Nr. 43, 22. Oktober 1929, S. 629
45 Frieda Grafe u. a.: «Fritz Lang». München 1976. S. 8
46 Lil Dagover: «Ich war die Dame». München 1979. S. 73
47 «Ein Brief von Fritz Lang». In: Deutsche Kinemathek (Hg.): «Caligari und Caligarismus». Berlin 1970. S. 23
48 *Kitsch – Sensation – Kultur und Film*. In: E. Beyfuß und A. Kossowsky (Hg.): «Das Kulturfilmbuch». Berlin 1924. S. 29
49 Rudolf Kurtz: «Expressionismus und Film». Berlin 1926. S. 80
50 Frederick W. Ott: «The Films of Fritz Lang». Secaucus 1979. S. 16f
51 Treuner, a. a. O.
52 Vgl. Reinhold Keiner: «Thea von Harbou und der deutsche Film bis 1933». Hildesheim 1984; Michael Töteberg: «Thea von Harbou». In: Hans-Michael Bock (Hg.), «Cinegraph». München 1984
53 Curt Riess: «Das gab's nur einmal» Bd. 1. Wien–München 1977. S. 148
54 Vgl. z. B. Langs zurückhaltende Äußerungen zum Thema Kontingentsverfahren in: «Der Film», Nr. 30/1922
55 Thea von Harbou: «Die deutsche Frau im Weltkrieg». Leipzig 1916. S. 11, 19, 89, 57
56 Thea von Harbou: «Der Krieg und die Frauen». Stuttgart–Berlin 1916 (Neuaufl.). S. 9
57 Vgl. anonym: «Die Literatin». In: «Der Film», Nr. 5, 15. März 1928
58 Grafe, a. a. O., S. 25
59 Zit. n. Stiftung Deutsche Kinemathek (Hg.): «Das wandernde Bild». Berlin 1979. S. 74
60 Ebd., S. 151
61 A. F.: «Das indische Grabmal». In: «Der Film», Nr. 44, 30. Oktober 1921, S. 46
62 Vgl. Erich Heinemann: «Über Karl May. Aussprüche namhafter Persönlichkeiten». Ubstadt 1980. S. 47; Thea von Harbou: «Die Unheilbaren gehen zum Film ...!». In: «Aachener Volkszeitung», 6. Juli 1951
63 Thea von Harbou: «Das indische Grabmal». Berlin 1921. S. 208f; das vorstehende Zitat S. 69
64 Phillips, a. a. O., S. 44
65 A. F.: «Der Tiger von Eschnapur». In: «Der Film», Nr. 48, 27. November 1921, S. 55; vgl. «Der Kinematograph», Nr. 771/1921

66 *Was bin ich, was sind wir?* Aus französischen Interviews mit Fritz Lang. In: «Filmkritik», Nr. 7/1963, S. 311
67 Zit. n. «Filmwelt», Nr. 10/11, 5. November 1921, S. 204
68 Bogdanovich, a. a. O., S. 36 f
69 Herbert Jhering: «Von Reinhardt bis Brecht» Bd. 1. Berlin 1961. S. 457
70 Jerzy Toeplitz: «Geschichte des Films» Bd. 1: 1895–1928. München 1973. S. 222
71 Kurtz, a. a. O., S. 60
72 Lotte H. Eisner: «Die dämonische Leinwand». Frankfurt a. M. 1980. S. 90
73 Eisner, «Lang», a. a. O., S. 43
74 Rune Waldekranz: «Fritz Lang und die deutsche Malerschule». In: Atlas Filmheft 38, 1964 (o. P.)
75 Gregor und Patalas, a. a. O., S. 58
76 Kracauer, a. a. O., S. 99
77 Vgl. die Zusammenstellung positiver Kritiker-Zitate in der Decla-Anzeige in: «Der Film», Nr. 43, 23. Oktober 1921, S. 34 f; F. Podehl: «Der müde Tod». In: «Der Film», Nr. 41, 9. Oktober 1921, S. 63; Balthasar: «Hier gibt's Keile». In: «Das Blaue Heft», Nr. 4, 22. Oktober 1921, S. 109 f
78 Zit. n. Oskar Kalbus: «Vom Werden deutscher Filmkunst» Teil 1. Altona-Bahrenfeld 1935. S. 64 f
79 Eisner, «Lang», a. a. O.; vgl. Michael Schwarze: «Luis Buñuel». Reinbek 1981. S. 24
80 Thea von Harbou, zit. in anonym: «Bei der Ufa machte man das so ...». In: «Der Spiegel», 1. November 1950, S. 26; Phillips, a. a. O., S. 46
81 Zit. n. Günter Scholdt: «Der Fall Norbert Jacques». Stuttgart 1976. S. 2
82 Kracauer, a. a. O., S. 90
83 *Bilder der Zeit*. In: «Frankfurter Rundschau», 25. Juli 1964; Wiederabdruck in: Atlas Filmheft 38, 1964 (o. P.)
84 *Kitsch – Sensation – Kultur und Film*, a. a. O., S. 30
85 Jhering, a. a. O., S. 427
86 Ciment, a. a. O., S. 9; Jean Domarchi und Jacques Rivette: «Entretien avec Fritz Lang». In: Cahiers du Cinéma Nr. 99, September 1959, S. 8
87 Zit. n. Grafe, a. a. O., S. 89
88 Vgl. Kracauer, a. a. O., S. 18, 84 f
89 «Selbstdarstellung: Fritz Lang». In: «Frankfurter Rundschau», 15. Mai 1971
90 Zit. in Hempel, S. 242 f
91 Eric Rhode: «Tower of Babel». London 1966. S. 89
92 *Moderne Filmregie*. In: «Die Filmbühne» Nr. 1, April 1927, S. 4
93 Norbert Jacques: «Dr. Mabuse, der Spieler». München 1979. Anhang, S. 214, 216
94 Alfred Döblin: «Ein Kerl muß eine Meinung haben». München 1981. S. 246; Toeplitz, a. a. O., S. 232
95 *Kitsch – Sensation – Kultur und Film*, a. a. O., S. 28, 31
96 *Worauf es beim Nibelungen-Film ankam*. In: Programmheft zum Film, o. O. o. J., S. 12
97 Ebd., S. 15
98 Lotte Reiniger: «Silhouettenfilm und Schattentheater». München o. J. S. 49
99 *Die Darsteller des Nibelungenfilms*. In: «Die Filmwoche» Nr. 7/1924, S. 126
100 *Kitsch – Sensation – Kultur und Film*, a. a. O., S. 31
101 Thea von Harbou: «Vom Nibelungen-Film und seinem Entstehen». In: Programmheft zum Film, a. a. O., S. 7
102 Béla Balázs: «Schriften zum Film» Bd. 1. München 1982. S. 321
103 *Worauf es beim Nibelungen-Film ankam*, a. a. O., S. 13 f

104 Eisner, «Die dämonische Leinwand», a. a. O., S. 158
105 Lothar Schwab: «Raum und Licht». In: «Filme» H. 9/1981, S. 46
106 Domarchi und Rivette, a. a. O., S. 2
107 Eisner, «Die dämonische Leinwand», a. a. O., S. 161 f
108 Kracauer, a. a. O., S. 103
109 Heinrich Hoffmann: «Hitler wie ich ihn sah». München–Berlin 1974. S. 163; Gerd Albrecht: «Der Film im Dritten Reich». Karlsruhe 1979. S. 27
110 «Die Filmwoche» H. 7/1924, S. 123
111 Zit. n. «Film und revolutionäre Arbeiterbewegung in Deutschland 1918–1932». Berlin 1978. Bd. 1, S. 171
112 Vgl. Ott, a. a. O., S. 28 f; E. Ann Kaplan: «Fritz Lang, a guide to references and resources». Boston 1981. S. 138 f
113 «filmfaust» 1978, H. 9/10, S. 11; «film» 1967, H. 2, S. 8
114 *Was lieben und hassen wir am amerikanischen Film?* (Antwort auf eine Umfrage). In: «Deutsche Filmwoche», 2. Oktober 1925 (H. 23) (o. P.)
115 Phillips, a. a. O., S. 46
116 «Das Tage-Buch», Jg. 5, H. 18 (3. Mai 1924), S. 605
117 Zit. n.: Ott, a. a. O., S. 27
118 «Simplicissimus», Jg. 31/1927, Nr. 44, S. 587
119 Jhering, a. a. O., Bd. 2. Berlin 1959. S. 523; Rudolf Arnheim: «Kritiken und Aufsätze zum Film». Frankfurt a. M. 1979. S. 185
120 Zit. n. Hans Siemsen: «Eine Filmkritik, wie sie sein soll». In: «Die Weltbühne», 14. Juni 1927, S. 947
121 Luis Buñuel: «Metropolis». In: «Gazeta Literaria de Madrid» 1927, Wiederabdruck in: «Cahiers du Cinéma». H. 223 (1971), S. 20–21
122 Bogdanovich, a. a. O., S. 124
123 Spitzer, a. a. O., S. 34
124 Eisner, «Die dämonische Leinwand», a. a. O., S. 225–227
125 A. Neverov: «Gespräch mit Fritz Lang». In: «Kino-Archiv», 1925, zit. n.: Komitee für Kinematographie beim Ministerrat der UdSSR: «Filme von Fritz Lang». Moskau 1966. S. 17 f
126 Spitzer, a. a. O., S. 36
127 Kracauer, a. a. O., S. 159
128 «Berliner Tageblatt», 23. März 1928
129 Zit. n. Stephen Jenkins (Hg.): «Fritz Lang. The Image and the Look». London 1981. S. 71
130 Grafe, a. a. O., S. 97
131 Arnheim, «Kritiken», a. a. O., S. 203
132 Zit. n. Ludwig Maibohm: «Fritz Lang». München 1981. S. 119, 132
133 Georg Seeßlen: «Kino des Utopischen». Reinbek 1980. S. 98
134 Zit. n. Grafe, a. a. O., S. 98
135 *Sechs Personen fahren zum Mond.* In: «Film-Magazin», H. 42, 20. Oktober 1929, S. 4
136 «Vossische Zeitung», 1. Januar 1929
137 Bogdanovich, a. a. O., S. 125
138 Henning Harmssen: «Des Teufels Traumfabrik». In: «Saarbrücker Zeitung», 8. Mai 1975
139 Kurt Tucholsky: «Gesammelte Werke» Bd. 9. Reinbek 1975. S. 317
140 «Das Tage-Buch», Jg. 10, H. 42, 19. Oktober 1929, S. 1766
141 Spitzer, a. a. O., S. 34
142 Jean-Louis Noames: «Nouvel entretien avec Fritz Lang». Zit. n. der deutschen Übersetzung in: «Filmstudio», November 1964, S. 32
143 *Mein Film «M» – ein Tatsachenbericht.* In: «Filmwoche», 9. Jg., H. 21, 20. Mai 1931, S. 658 f; ebenfalls in: «Lichtbild-Bühne», 11. Mai 1931
144 Interview mit Gero Gandert in:

M. Protokoll. Hamburg 1963. S. 123

145 *Mein Film «M»*, a. a. O., S. 658
146 *M.* Protokoll, a. a. O., S. 115f
147 «Der Film», 16. Mai 1931
148 Zwei Beispiele: Gabriele Tergit: «Der Film des Sadismus». In: «Die Weltbühne», 27. Jg., H. 23, 9. Juni 1931, S. 844f; D.: «M». In: «Deutsche Filmzeitung», 10. Jg., H. 33, 14. August 1931, S. 9
149 *Pourquoi suis-je interessé par le meurtre?* In: Alfred Eibel, «Fritz Lang». Paris 1964. S. 102f
150 Hans Wollenberg in: «Lichtbild-Bühne», 12. Mai 1931
151 Interview mit Gandert, a. a. O., S. 126
152 Ebd.
153 Arnheim, «Kritiken», a. a. O., S. 235
154 Eckart Jahnke: «Fritz Langs M». In: «Filmwissenschaftliche Mitteilungen», 6. Jg., 1. Sonderheft 1965, S. 175
155 Erwin Kipfmüller: «Gespräch mit Fritz Lang». In: «Film» (München), Dezember 1956, S. 24
156 Zit. n. Kraft Wetzel und Peter A. Hagemann: «Zensur – Verbotene deutsche Filme 1933–1945». Berlin 1978. S. 15. Diese kritische Darstellung liegt dem folgenden Abschnitt zugrunde; alle zitierten Quellen, sofern sie nicht eigens ausgewiesen sind, sind diesem Buch entnommen.
157 Zit. n. Kracauer, a. a. O., S. 91
158 Wolfgang Becker: «Film und Herrschaft». Berlin 1973. S. 33
159 Francis Courtade und Pierre Cadars: «Geschichte des Films im Dritten Reich». München 1975. S. 13
160 Die Rede von Goebbels ist vollständig dokumentiert in Albrecht, a. a. O., S. 26–31
161 *Autobiography*, a. a. O., S. 14f. Im Interview mit Kipfmüller, a. a. O., wird der Ausspruch Hitlers auf *Die Nibelungen* bezogen.
162 Otto Kriegk: «Der deutsche Film im Spiegel der Ufa». Berlin 1943. S. 85f
163 Bogdanovich, a. a. O., S. 129
164 Zit. n. Ott, a. a. O., S. 41
165 Bogdanovich, a. a. O., S. 15
166 Ebd., S. 49
167 Ott, a. a. O., S. 43. Etwas anders erinnert Lang den Pariser Vorfall in: Bogdanovich, a. a. O., S. 30f
168 Graham Greene: «Fury». In: Leo Braudy und Morris Dickstein (Hg.), «Great Film Directors». New York 1978. S. 601
169 François Truffaut: «Die Filme meines Lebens». München 1979. S. 75
170 Gerald Mast: «Film/Cinema/Movie». New York 1977. S. 32f
171 Bogdanovich, a. a. O., S. 35
172 Interview mit Jean-Louis Noames in: «Filmstudio», H. 45, November 1964, S. 34
173 *Und wenn sie nicht gestorben sind* ... In: «Der Monat», April 1949, S. 100
174 Interview mit Noames, a. a. O.
175 Eibel, «Lang», a. a. O., S. 61
176 Erika und Klaus Mann: «Escape to Life». Boston 1939. S. 270f
177 Interview mit Gandert, a. a. O., S. 123
178 Phillips, a. a. O., S. 49
179 Robert Jungk: «Guerilla in Hollywood. Ein Besuch bei Fritz Lang». In: «Die Tat» (Zürich), 17. Dezember 1950
180 Ebd.
181 «Film-Dienst», 7. April 1952
182 Lang im Gespräch mit Michel Delahaye und Jean Wagner, zit. in: «Filmkritik», H. 12/1965, S. 679
183 Luc Moullet: «Fritz Lang». Paris 1970. S. 133
184 Blume, a. a. O.
185 Joe Hembus: «Western-Lexikon». München 1978. S. 456
186 *La Grenouille et moi*. In: Eibel, a. a. O., S. 86f

187 Neil Sinyard und Adrian Turner: «Billy Wilders Filme». Berlin 1980. S. 40
188 Bogdanovich, a. a. O., S. 11
189 Charles Higham und Joel Greenberg (Hg.): «The Celluloid Muse». Chicago 1969. S. 108
190 Alfred Döblin: «Schicksalsreise». Frankfurt a. M. 1949. S. 355
191 Carl Zuckmayer: «Als wär's ein Stück von mir». Frankfurt a. M. 1969. S. 415
192 Brecht, a. a. O., Bd. 10, S. 848
193 Bertolt Brecht: «Arbeitsjournal». Frankfurt a. M. 1973. Bd. 1, S. 361
194 Klaus Mann: «Briefe und Antworten». Hg. von Martin Gregor-Dellin. München 1975. Bd. 2, S. 143
195 Zu Rolf Nürnberg vgl. Curt Riess: «Das waren Zeiten». Wien–München–Zürich–Innsbruck 1977
196 Brecht, «Arbeitsjournal», a. a. O., S. 427
197 Wolfgang Gersch: «Film bei Brecht». Berlin 1975. S. 201
198 «Die Erinnerung von Fritz Lang». In: «Filmkritik», H. 7/1975 (Sonderheft über *Hangmen Also Die*), S. 300
199 Brecht, «Arbeitsjournal», a. a. O., S. 478
200 «Die Erinnerung von Fritz Lang», a. a. O., S. 304
201 Brecht, «Arbeitsjournal», a. a. O., S. 498
202 Ebd., Bd. 2, S. 531
203 Ebd., S. 527
204 Ebd., S. 549
205 Claude Beylie: «Fritz Lang. Ordre et génie» (Interview). In: «Écran», H. 51 (Oktober 1976), S. 45
206 Theodor W. Adorno und Hanns Eisler: «Komposition für den Film». München 1969. S. 50
207 Bogdanovich, a. a. O., S. 128
208 Enno Patalas in: Grafe, a. a. O., S. 114f
209 Bogdanovich, a. a. O., S. 62
210 «Fritz Lang who in 1925 dreamed of the future talks about the problems of life today». In: «Films and Filming», Jg. 8 1962, Nr. 9, S. 20
211 Grafe, a. a. O., S. 21; «Die Erinnerung von Fritz Lang», a. a. O., S. 310
212 Salka Viertel: «Das unbelehrbare Herz». Hamburg–Düsseldorf 1970. S. 330f
213 m. g.: «The Last Will of Dr. Mabuse». In: «Aufbau», 26. März 1943
214 Zit. n. Hanns Fischer: «Amerikas schwarze Serie». In: «Filmstudio», 1964, H. 42, S. 38
215 Interview mit Gandert, a. a. O., S. 128
216 Eisner, «Lang», a. a. O., S. 247
217 Jean-Paul Sartre: «Mythos und Realität des Theaters». Reinbek 1979. S. 160f
218 «Petit Journal Intime du Cinéma». In: «Cahiers du Cinéma», Nr. 47, Mai 1955, S. 31f – Der Vergleich Renoir/Lang stützt sich auf den Beitrag von Robin Wood in: Richard Roud (Hg.), «Cinema. A Critical Dictionary». New York 1980. Bd. 2, S. 600f
219 Eibel, a. a. O., S. 120
220 Lilli Palmer: «Dicke Lilli – gutes Kind». Zürich 1974. S. 198f
221 Bogdanovich, a. a. O., S. 77f
222 Domarchi und Rivette, a. a. O., S. 4
223 Bogdanovich, a. a. O., S. 92
224 *The Freedom of the Screen*. In: Richard Koszarski (Hg.), «Hollywood Directors 1941–1976». New York 1977. S. 135f
225 Bert Reisfeld: «Filmgespräche mit Fritz Lang». In: «Frankfurter Neue Presse», 28. Juni 1952
226 Noames, a. a. O., S. 36
227 Herman G. Weinberg: «Coffee, Brandy and Cigars». In: «Film Culture», Jg. 2 1956, Nr. 3, S. 23
228 Truffaut, a. a. O., S. 74
229 «Film-Dienst», 19. März 1954, Nr. 3177

230 François Truffaut: «Aimer Fritz Lang». In: «Cahiers du Cinéma», Nr. 31, Januar 1954, S. 53
231 Jacques Rivette: «La Main». In: «Cahiers du Cinéma», Nr. 76, Februar 1957, S. 48
232 Higham und Greenberg, a. a. O., S. 124
233 Truffaut, «Filme meines Lebens», a. a. O., S. 77
234 Interview mit Noames, a. a. O., S. 36
235 Karena Niehoff: «Fritz Lang». In: «National Zeitung» (Basel), 26. Januar 1957
236 Ludwig Maibohm: «Tiger von Eschnapur». In: «Welt am Sonntag», 13. April 1958
237 Enno Patalas in: «Filmkritik», H. 3/1959, S. 69
238 Zit. n. Artur Brauner: «Mich gibt's nur einmal». München–Berlin 1976. S. 146
239 Klaus Eder und Alexander Kluge: «Ulmer Dramaturgien». München 1980. S. 102f; vgl. Artur Brauner: «Fritz Lang war nicht zu bändigen» (Leserbrief) in: «Die Zeit», 21. Oktober 1966
240 *La Nuit Viennoise*. In: «Cahiers du Cinéma», Nr. 169, August 1965, S. 46
241 Ebd.
242 Interview mit Noames, a. a. O., S. 32
243 Andrew Sarris: «Interviews with Film Directors». Indianapolis 1967. S. 261
244 *La Nuit Viennoise*, a. a. O., S. 44
245 Moullet, a. a. O., S. 147
246 Gespräch mit Domarchi und Rivette, a. a. O., S. 6
247 François Albera u. a.: «Jean-Luc Godard». München 1979. S. 74
248 Interview mit Noames, a. a. O., S. 36
249 Brecht, «Gesammelte Werke», a. a. O.
250 Interview mit Jean-Luc Godard in: «Filmstudio», H. 44, September 1964, S. 52; vgl. «Godard on Godard», hg. von Jean Narboni und Tom Milne. London 1972. S. 201
251 «Selbstdarstellung: Fritz Lang». In: «Frankfurter Rundschau», 15. Mai 1971
252 «Wer sind Sie, Fritz Lang?». In: «Film» (München), H. 8/1964, S. 9
253 Scott Eyman: «Fritz Lang Remembered». In: «Take One» (Montreal), Jg. 5/1977, Nr. 8, S. 15
254 Luis Buñuel: «Mein letzter Seufzer». Königstein/Ts. 1983. S. 186f

Zeittafel

1890 Am 5. Dezember wird Fritz Lang als einziges Kind des Stadtbaumeisters Anton Lang und seiner Frau Paula, geb. Schlesinger, in Wien geboren
1907 Architekturstudium an der Technischen Hochschule in Wien
1908 Studium an der Wiener Akademie der Graphischen Künste. Lang will Kunstmaler werden und tritt in Kabaretts auf
1911 Fritz Lang verläßt das Elternhaus und geht nach München, wo er die Staatliche Kunstgewerbeschule Julius Diez besucht. Er unternimmt eine ausgedehnte Reise, die ihn in die Mittelmeerländer und die afrikanischen Küstengebiete führt
1913 Fritz Lang lebt als Maler in Paris
1914 Bei Kriegsausbruch kehrt Lang nach Wien zurück und meldet sich als Kriegsfreiwilliger
1916 Während eines Lazarettaufenthalts und der anschließenden Rekonvaleszenzzeit schreibt Lang Kurzgeschichten und Filmskripte
1917 Erste Kontakte zu Filmproduzenten. Lang schreibt für Joe May seine ersten Drehbücher: *Die Hochzeit im Exzentrikklub, Hilde Warren und der Tod*
1918 Erich Pommer holt Lang nach Berlin, wo er als Dramaturg für die Decla-Film arbeitet
1919 Regiedebüt: *Halbblut*. Lang schreibt und inszeniert den Abenteuerzyklus *Die Spinnen*, von dem nur zwei Teile fertiggestellt werden. Weil Pommer auf der Fortsetzung der erfolgreichen Serie besteht, muß Lang die Regie von «Das Cabinett des Dr. Caligari» an Robert Wiene abgeben
1920 Fritz Lang wechselt die Produktionsfirma und geht zu Joe May, wo er die Schriftstellerin Thea von Harbou kennenlernt. Ihr erster gemeinsamer Film ist *Das wandernde Bild*; bis 1933 entstehen alle Filme in enger Zusammenarbeit. Die Regie von *Das indische Grabmal*, Drehbuch Lang/Harbou, übernimmt Joe May selbst; daraufhin kehrt Lang zur Decla zurück, die inzwischen mit der Bioskop fusioniert hat
1921 *Der müde Tod*, Langs erster internationaler Erfolg. November: Die Decla-Bioskop wird von der Ufa übernommen, Erich Pommer wird Ufa-Produktionsleiter
1922 *Dr. Mabuse, der Spieler*. 26. August: Heirat mit Thea von Harbou
1924 *Die Nibelungen*
1924 Oktober–Dezember: Lang besucht New York und Hollywood
1927 *Metropolis*. Nach öffentlichen Kontroversen um Budget-Überschreitungen bei den *Metropolis*-Dreharbeiten gründet Lang eine eigene Produktionsgesellschaft; die Ufa übernimmt lediglich den Verleih seiner Filme
1928 *Spione*

1929 *Frau im Mond*
1931 *M – Eine Stadt sucht einen Mörder*, Langs erster Tonfilm
1933 *Das Testament des Dr. Mabuse* wird kurz vor der geplanten Uraufführung am 29. März von der Filmprüfstelle verboten. Die Ehe mit Thea von Harbou wird am 26. April geschieden. Joseph Goebbels bietet Lang eine Führungsposition in der deutschen Filmindustrie an; am gleichen Tag verläßt Lang Deutschland und emigriert nach Paris, wo er am 15. Juli eintrifft
1934 *Liliom*. Lang unterzeichnet einen Vertrag mit MGM und schifft sich am 6. Juni nach den USA ein
1936 *Fury*. Lang ist Mitbegründer der «Anti-Nazi League» und wird deshalb zehn Jahre später auf die Schwarze Liste gesetzt
1937 *You Only Live Once*
1938 *You and Me*
1940 *The Return of Frank James*
1941 *Western Union. Man Hunt*
1943 *Hangmen Also Die*, Zusammenarbeit mit Bertolt Brecht
1944 *Ministry of Fear. The Woman in the Window*
1945 Fritz Lang gründet zusammen mit Walter Wanger und Joan Bennett die Diana Productions, die nur zwei Filme herstellt. *Scarlet Street*
1946 *Cloak and Dagger*
1947 Siegfried Kracauers Studie «From Caligari to Hitler» erscheint. Kracauer interpretiert Langs deutsche Filme als Ausdruck präfaschistischer Stimmungen und prägt damit die Rezeption für mehrere Jahrzehnte
1948 *Secret Beyond the Door*
1950 *House by the River. American Guerilla in the Philippines*
1952 *Rancho Notorious. Clash by Night*
1953 *The Blue Gardenia. The Big Heat*
1954 *Human Desire*
1955 *Moonfleet*
1956 *While the City Sleeps. Beyond a Reasonable Doubt*. Lang erklärt, daß er in Hollywood keine Filme mehr drehen wolle. Im Oktober ist er erstmals seit 1933 wieder in Deutschland
1959 *Der Tiger von Eschnapur* und *Das indische Grabmal*. Retrospektive in der Cinémathèque Française, Paris
1960 *Die tausend Augen des Dr. Mabuse*
1962 Retrospektive im National Film Theatre, London
1963 Lang spielt sich selbst in Jean-Luc Godards «Le Mépris». In Frankreich erscheinen Monographien von Luc Moullet und Francis Courtade. Bei den Berliner Filmfestspielen wird Lang mit dem Filmband in Gold ausgezeichnet
1964 Fritz Lang ist Präsident der Spielfilmjury bei dem Filmfestival in Cannes und Jury-Vorsitzender bei der Internationalen Filmwoche in Mannheim. In Frankreich erscheint Alfred Eibels Buch «Fritz Lang»
1965 Fritz Lang wird in Paris zum «Officier des arts et des lettres» ernannt
1966 Auszeichnung mit dem Großen Bundesverdienstkreuz
1967 Peter Bogdanovichs Interview-Buch «Fritz Lang in America» erscheint. Retrospektive im Museum of Modern Art, New York
1971 Retrospektive in Wien. Lang erhält die «Ehrenmedaille der Stadt Wien»
1976 «Fritz Lang» von Frieda Grafe, Enno Patalas u. a. erscheint.
2. August: Fritz Lang stirbt in Beverly Hills

Zeugnisse

Luis Buñuel
Diejenigen, die das Kino für einen diskreten Geschichtenerzähler halten, werden bei *Metropolis* eine tiefe Enttäuschung erleben. Was uns hier erzählt wird ist trivial, schwülstig, prätentiös, von einem altmodischen Romantizismus. Aber wenn wir vor die Geschichte den plastisch-fotogenen Hintergrund des Films stellen, ja, dann erfüllt *Metropolis* alle Wünsche und überwältigt uns als eines der schönsten Bilderbücher, die man sich vorstellen kann.
«Gazeta Literaria de Madrid». 1927

Claude Chabrol
Wer sein Tun nicht versteht, mag ihn als völlig dekadent bezeichnen. Wahr ist jedoch, daß er auch in den seltenen aus Erwerbsmotiven akzeptierten Arbeiten sich selbst immer treu geblieben ist.

Seiner Thematik: die Fatalität des Verfalls, Rache, die geheimnisvolle Macht von Untergrundorganisationen und Spionageringen, kommt in seinen Augen nicht mehr Bedeutung zu als der Ästhetik, die sie bildhaft ausdrückt und fortsetzt: Die Personen sind gefangen in einem Rahmen, dessen Sklaven sie sind und aus dem sie nur durch alltägliche Gestik und Handlung flüchten können. Dekor und sogar der Rand der Leinwand haben für die Vermittlung des Themas ebensoviel Bedeutung wie die Darsteller, und deren Kommen und Gehen ist ebenso wichtig wie die Kameraeinstellung. Das Werk Fritz Langs ist auf einer Metaphysik der Architektur begründet.
«Cahiers du Cinéma», Nr. 54, Dezember 1955

Jacques Rivette
Nichts ist hier dem Alltäglichen gewidmet, nichts dem Detail: keinerlei bildliche Äußerung über das vorherrschende Wetter, den Schnitt eines Kleides, die Anmut eines Ganges. Wenn die Marke eines Kosmetikums zu bemerken ist, dann nur weil es für die Fortsetzung der Intrige notwendig ist. Wir sind in ein Universum der Notwendigkeit getaucht, das um so spürbarer ist, als sie mit dem Schiedsspruch der Postulate zusammenpaßt. Es ist schwierig, eine präzise Formel zu finden, um die Persönlichkeit Fritz Langs zu beschreiben. Ein expressionistischer Filmschöpfer, der peinlich genau auf das Dekor und die Beleuchtung achtet? Eher zu sum-

marisch. Ein hervorragender Architekt? Dies scheint immer weniger wahr. Ein brillanter Schauspieler-Regisseur? Natürlich, aber was außerdem? Ich schlage diese Definition vor: Lang ist ein Cineast des Konzepts. Man kann in Verbindung mit ihm nicht, ohne einem Irrtum zu verfallen, von Abstraktion oder Stilisierung sprechen, wohl aber von Notwendigkeit (einer Notwendigkeit, die sich selbst widersprechen kann, ohne an Realität zu verlieren). Überdies ist es keine äußerliche Notwendigkeit (die des Filmemachers zum Beispiel), sondern sie gründet sich auf der realen Bewegung des Konzepts.
«Cahiers du Cinéma», Nr. 76, Februar 1957

François Truffaut
Der Stil Fritz Langs? Ein Wort genügt, um ihn zu beschreiben: unerbittlich. Jede Einstellung, jede Kamerabewegung, jeder Ausschnitt, jede Bewegung eines Schauspielers, jede Geste ist entschieden und unnachahmlich.
1958, zit. nach: «Die Filme meines Lebens». München 1976

Wolfram Schütte
Fritz Lang ist kein naiver Regisseur, aber dennoch bestehen seine Filme nur unter dem Blickwinkel ihrer Naivität. Naiv kann man jenen Zug ihrer Erscheinung nennen, der den politisch-sozialen Tatsachen des Lebens weitgehend unreflektiert gegenübersteht; naiv ist jene Einfachheit im Gedanklichen und Emotionellen, die seinen Gestalten – Helden wie namenlosen Opfern – ihre gradlinige Handlungsweise und die Flächigkeit ihres Charakters aufzwingt; naiv in diesem Sinne ist auch meistens der moralisch-ethische Gehalt seiner Filme: hier wird nach festgelegten Gesetzen des Hasses, der Liebe, der Gewalt, des Guten, des Bösen gehandelt; naiv sind auch die Stoffe, deren er sich in seinem Schaffen bemächtigt. Sie werden, falls sie es nicht schon von sich aus sind, zur Kolportage umgebogen.

Dieser einmal vom Totum des Werkes abstrahierten Naivität im Material der Handlung und der Personen steht andererseits ein bis in das geringste Detail ausgeklügelter formaler Gestaltungswille gegenüber. Im Kraftfeld von Naivität und künstlerischer Reflexion: in dieser extremen Antithetik, wie sie sich in der Geschichte des Films wohl einzigartig hier materialisierte, entfaltet sich das gesamte Werk Fritz Langs.
«Filmstudio», Nr. 44, September 1964

Wilfried Wiegand
Langs eigentliche Leistung ist es gewesen, den Expressionismus in eine «neue Sachlichkeit» übergeführt zu haben. Andere, vor allem Georg Wilhelm Pabst, waren dabei vorangegangen, keinem der Weggefährten jedoch ist ein mit *M* vergleichbares Werk gelungen. Es ist vor allen deutschen Filmen derjenige, von dessen Stilmitteln unzählige Regisseure bis heute profitieren: Die Intensität der Schauspielerführung; die aus Brechts Kunsttheorie übernommene Verfremdung des Tons; die im An-

spruch fast an Griffith erinnernde Montagetechnik, die scheinbar Unvereinbares zu einem gemeinsamen Bildrhythmus zusammenzwingt; die leitmotivische Ton-Dramaturgie; der über die Bildmontagen hinweglappende Dialog; schließlich der ungeheuerliche Versuch, modernen Mythos und moderne Realität ineinanderzufügen, ein expressionistisches Filmmonster in einem Spießbürger zu verstecken – dies alles macht *M* zu einem exemplarischen Film, der bis heute als ein nur selten erreichter Glücksfall gelten muß.

«Frankfurter Allgemeine Zeitung», 5. Dezember 1970

René Clair
Fritz Lang war einer der Großen des deutschen Films. Ich habe ihn in Berlin kennengelernt, bevor Hitler an die Macht kam. Wir haben in denselben Ateliers gearbeitet, und ich habe ihn später in Hollywood wiedergetroffen. Seine originäre, interessanteste Zeit war die deutsche Periode: Er hat einige der bedeutendsten deutschen Filme des 20. Jahrhunderts gedreht.

«L'Humanité», 4. August 1976

Frieda Grafe
Welch ein Glück, methodisch und überhaupt, in Lang einen Autor zu haben, dessen Kinoanfänge fast mit den Anfängen des Kinos identisch sind, ein individueller Werdegang, der eng verflochten ist mit den entscheidenden Entwicklungsetappen eines neuen Mediums. Die grundsätzlichen Fragen, die fundamentalen Probleme waren noch offen. Langs Antworten waren dieser Situation entsprechend allgemein, aber auch persönlich und erfinderischer, als es später möglich war, nachdem sich die industrielle Massenkunst perfektioniert hatte.

Stummfilm und Tonfilm, Kunstfilm nach europäischem Muster und amerikanisches Genrekino: bei Lang versetzen von außen herangetragene Veränderungen das Werk in immer neue Bewegungen. Es wird dadurch zu einem Haus mit unübersehbar vielen Zugängen.

«Fritz Lang». München 1976

Wim Wenders
Von seinen Filmen habe ich viele nicht gesehen. Die ersten, die ich überhaupt gesehen habe, habe ich in Paris gesehen, da waren sie mir sehr fremd.

Es sträubte sich alles in mir gegen diese kühlen und scharfen, sezierenden Bilder, diese sichtbar gewordenen Gedanken. Deutlicher als jemals in anderen Filmen wurde mir der Begriff der «Einstellung». Jemand hatte eine Einstellung zu den Dingen, jemand hatte sich auf etwas eingestellt, etwas stellte sich ein, etwas wurde eingestellt, die Dinge und die Zeit. Oft ist einem etwas fremd, weil es einem zu nah ist.

«Jahrbuch Film 77/78»

Filmographie

Berücksichtigt wurden alle Filme, an denen Lang als Regisseur, Autor oder Darsteller beteiligt war. Für die Jahre 1917 bis 1919 sind die Angaben notgedrungen lückenhaft: Die Filme sind nicht (oder nur fragmentarisch) erhalten; Langs Arbeit als Drehbuchautor ist häufig nur durch zeitgenössische Filmkritiken, Pressenotizen und Anzeigen nachweisbar. Der erste erhaltene Film ist *Die Spinnen*. Auch von späteren Filmen gibt es oft nur schadhafte oder unvollständige Kopien; andere Filme (*Der müde Tod, Metropolis*) konnten auf Grund filmhistorischer Forschungen in ihrer ursprünglichen Gestalt rekonstruiert werden.

Abkürzungen: R = Regie, B = Buch, K = Kamera, Ba = Bauten, D = Darsteller (das Darstellerverzeichnis beschränkt sich auf die Besetzung der Hauptrollen), P = Produktion, U = Uraufführung.

Die Hochzeit im Exzentrikklub (11. Folge der «Joe Deebs»-Serie). R: Joe May. B: Fritz Lang. K: Carl Hoffmann. D: Harry Liedtke, Magda Magdaleine, Bruno Kastner, Paul Westermeier, Käthe Haack. P: May-Film. U: 1917, Berlin

Hilde Warren und der Tod. R: Joe May. B: Fritz Lang. K: Curt Courant. D: Mia May, Fritz Lang, Hans Mierendorff, Bruno Kastner, Georg John. P: May-Film. U: Anfang September 1917, Berlin

Die Rache ist mein. R: Alwin Neuß. B: Fritz Lang. D: Otto Paul, Alwin Neuß, Arnold Czempin, Helga Molander, Marta Daghofer (= Lil Dagover), Hanni Rheinwald. P: Decla. U: März 1919, Berlin

Halbblut. R und B: Fritz Lang. K: Carl Hoffmann. D: Ressel Orla, Carl de Vogt, Gilda Langer, Paul Morgan. P: Decla. U: 3. April 1919, Berlin

Bettler GmbH. R: ?. B: Fritz Lang. D: Alwin Neuß, Fred Selva-Goebel, Fritz Achterberg, Otto Paul, Marta Daghofer (= Lil Dagover). P: Decla. U: 1919

Wolkenbau und Flimmerstern. R: ?. B: Wolfgang Geiger, Fritz Lang. D: Margarete Frey, Karl-Gerhard Schröder, Albert Paul, Ressel Orla. P: Decla. U: 1919

Totentanz. R: Otto Rippert. B: Fritz Lang. K: Willy Hameister. Ba: Hermann Warm. D: Sascha Gura, Werner Krauß, Joseph Roemer. P: Helios-Film. U: 19. Juni 1919, Berlin

Lilith und Ly. R: Erich Kober. B: Fritz Lang. D: Elga Beck, Hans Marschall, Ernst Escherich, Franz Kammauf. P: Fiat-Film. U: Juli 1919, Wien

Der Herr der Liebe. R: Fritz Lang. B: Leo Koffler. K: Emil Schünemann. Ba: Carl Ludwig Kirmse. D: Carl de Vogt, Gilda Langer, Erika Unruh, Fritz Lang. P: Helios-Film. U: September 1919, Berlin

Die Spinnen. Erster Teil: *Der goldene See*. R und B: Fritz Lang. K: Emil Schünemann. Ba: Hermann Warm, Otto Hunte, Carl Ludwig Kirmse, Heinrich Umlauff. D: Carl de Vogt, Lil Dagover, Ressel Orla, Georg John, Rudolf Lettinger, Edgar Pauly. P: Decla. U: 3. Oktober 1919, Berlin

Die Pest in Florenz. R: Otto Rippert. B: Fritz Lang. K: Willy Hameister. D: Theodor Becker, Marga Kierska, Erich Bartels, Juliette Brandt, Erner Hübsch, Otto Mannstaedt. P: Decla. U: 23. Oktober 1919, Berlin

Die Frau mit den Orchideen. R: Otto Rippert. B: Fritz Lang. K: Carl Hoffmann. D: Werner Krauß, Carl de Vogt, Gilda Langer. P: Decla. U: 1919

Harakiri. R: Fritz Lang. B: Max Jungk (nach «Madame Butterfly»). K: Max Faßbender. Ba: Heinrich Umlauff. D: Paul Biensfeldt, Lil Dagover, Meinhard Maur, Rudolf Lettinger, Erner Hübsch. P: Decla. U: 18. Dezember 1919, Berlin

Die Spinnen. Zweiter Teil: *Das Brillantenschiff*. R und B: Fritz Lang. K: Karl Freund. Ba: Hermann Warm, Otto Hunte, Karl Ludwig Kirmse, Heinrich Umlauff. D: Carl de Vogt, Ressel Orla, Georg John, Rudolf Lettinger, Thea Zander, Reiner Steiner. P: Decla. U: Februar 1920, Berlin

Das wandernde Bild. R: Fritz Lang. B: Thea von Harbou, Fritz Lang. K: Guido Seeber. Ba: Otto Hunte, Erich Kettelhut. D: Mia May, Hans Marr. P: May-Film. U: 25. Dezember 1920, Berlin

Kämpfende Herzen (*Die Vier um die Frau*). R: Fritz Lang. B: E. Vanloo. K: Otto Kanturek. Ba: Ernst Meiwers, Hans Jacoby. D: Carola Trölle, Anton Edthofer, Rudolf Klein-Rogge, Ludwig Hartau. P: Decla-Bioscop. U: Februar 1921, Berlin

Der müde Tod. R: Fritz Lang. B: Thea von Harbou, Fritz Lang. K: Erich Nietzschmann, Fritz Arno Wagner, Hermann Saalfrank. Ba: Hermann Warm, Robert Herlth, Walter Röhrig. D: Lil Dagover, Walter Janssen, Bernhard Goetzke, Rudolf Klein-Rogge, Georg John, Eduard von Winterstein. P: Decla-Bioskop. U: 7. Oktober 1921, Berlin

Das indische Grabmal. Erster Teil: *Die Sendung des Yoghi*. Zweiter Teil: *Das indische Grabmal*. R: Joe May. B: Fritz Lang, Thea von Harbou. K: Werner Brandes. Ba: Martin Jokoby-Boy, Otto Hunte, Erich Kettelhut, Karl Vollbrecht. D: Mia May, Conrad Veidt, Lya de Putti, Olaf Fönss, Erna Morena, Bernhard Goetzke. P: May-Film. U: 22. Oktober/19. November 1921, Berlin

Dr. Mabuse, der Spieler. Erster Teil: *Der große Spieler – Ein Bild der Zeit*. Zweiter Teil: *Inferno – Menschen der Zeit*. R: Fritz Lang. B: Thea von Harbou (nach dem Roman von Norbert Jacques). K: Carl Hoffmann. Ba: Carl Stahl-Urach, Otto Hunte. D: Rudolf Klein-Rogge, Alfred Abel, Aud Egede Nissen, Gertrude Welcker, Bernhard Goetzke, Lil Dagover, Paul Richter, Rudolf Forster-Larrinaga, Hans Adalbert von Schlettow, Georg John, Karl Huszar. P: Uco-Film. U: 27. April/26. Mai 1922, Berlin

Die Nibelungen. Erster Teil: *Siegfried*. Zweiter Teil: *Kriemhilds Rache*. R: Fritz Lang. B: Thea von Harbou. K: Carl Hoffmann, Günther Rittau. Ba: Otto Hunte, Erich Kettelhut, Karl Vollbrecht. D: Paul Richter, Margarete Schön, Rudolf Klein-Rogge, Georg August Koch, Theodor Loos, Bernhard Goetzke, Hans Adalbert von Schlettow, Georg John, Gertrud Arnold, Hanna Ralph, Hans Carl Müller, Erwin Biswanger, Hardy von Francois, Rudolf Rittner. P: Decla-Bioscop. U: 14. Februar/26. April 1924, Berlin

Metropolis. R: Fritz Lang. B: Thea von Harbou. K: Karl Freund, Günther Rittau. Ba: Otto Hunte, Erich Kettelhut, Karl Vollbrecht. D: Brigitte Helm, Alfred Abel, Gustav Fröhlich, Rudolf Klein-Rogge, Fritz Rasp, Theodor Loos, Erwin Biswanger, Heinrich George. P: Ufa. U: 10. Januar 1927, Berlin

Spione. R: Fritz Lang. B: Fritz Lang, Thea von Harbou. K: Fritz Arno Wagner. Ba: Otto Hunte, Karl Vollbrecht. D: Rudolf Klein-Rogge, Gerda Maurus, Willy Fritsch, Lupu Pick, Fritz Rasp, Lien Deyers, Louis Ralph, Craighall Sherry, Paul Hörbiger. P: Ufa. U: 22. März 1928, Berlin

Frau im Mond. R: Fritz Lang. B: Thea von Harbou. K: Curt Courant, Oskar Fischinger, Otto Kanturek. Ba: Emil Hasler, Otto Hunte, Karl Vollbrecht. D: Klaus Pohl, Willy Fritsch, Gustav von Wangenheim, Gerda Maurus, Gustl Starck-Gstettenbaur, Fritz Rasp, Tilla Durieux. P: Ufa. U: 15. Oktober 1929, Berlin

M. R: Fritz Lang. B: Thea von Harbou, Fritz Lang. K: Fritz Arno Wagner. Ba: Emil Hasler, Karl Vollbrecht. D: Peter Lorre, Otto Wernicke, Gustaf Gründgens, Theo Lingen, Theodor Loos, Georg John, Ellen Widmann, Inge Landgut, Ernst Stahl-Nachbaur, Paul Kemp, Franz Stein, Rudolf Blümmer. P: Nero-Film. U: 11. Mai 1931, Berlin

Das Testament des Dr. Mabuse. R: Fritz Lang. B: Thea von Harbou. K: Fritz Arno Wagner, Karl Vash. Ba: Karl Vollbrecht, Emil Hasler. D: Rudolf Klein-Rogge, Oskar Beregi, Karl Meixner, Otto Wernicke, Klaus Pohl, Theodor Loos, Wera Liessem, Gustav Dießl, Camilla Spira, Rudolf Schündler, Theo Lingen. P: Nero-Film. U: 12. Mai 1933, Wien.

Liliom. R: Fritz Lang. B: Fritz Lang, Robert Liebmann (nach dem Theaterstück von Ferenc Molnár). K: Rudolph Maté, Louis Née. Ba: Paul Colin, René Renoux. D: Charles Boyer, Madeleine Ozeray, Florelle, Robert Arnoux, Roland Toutain, Alexandre Rignault, Henri Richaud, Richard Darencet, Antonin Artaud. P: S. A. F./Fox Europa. U: 15. Mai 1934, Paris

Fury. R: Fritz Lang. B: Fritz Lang, Barlett Cormack (nach einer Erzählung von Norman Krasna). K: Joseph Ruttenberg. Ba: Cedric Gibbons, William A. Horning, Edwin B. Willis. D: Spencer Tracy, Sylvia Sidney, Walter Abel, Bruce Cabot, Edward Ellis, Walter Brennan, George Walcott, Frank Albertson, Arthur Stone, Morgan Wallace. P: MGM. U: 22. Mai 1936

You Only Live Once (Gehetzt). R: Fritz Lang. B: Gene Towne, Graham Baker. K: Leon Shamroy. Ba: Alexander Toluboff. D: Sylvia Sidney, Henry Fonda, Barton MacLane, Jean Dixon, William Gargan, Warren Hymer, Charles ‹Chic› Sale, Margaret Hamilton, Guinn Williams, Jerome Cowan, John Wray. P: Walter Wanger/United Artists. U: 27. Januar 1937

You and Me. R: Fritz Lang. B: Virginia Van Upp (nach einer Erzählung von Norman Krasna): K: Charles Lang jr. Ba: Hans Dreier, Ernest Fegté. D: Sylvia Sidney, George Raft, Robert Cummings, Barton MacLane, Roscoe Karns, Harry Carey, Warren Hymer, George E. Stone, Vera Gordon. P: Paramount. U: 3. Juni 1938

The Return of Frank James (Rache für Jesse James). R: Fritz Lang. B: Sam Hellman. K: George Barnes, William V. Skall. Ba: Richard Day, Wiard B. Ihnen. D: Henry Fonda, Gene Tierney, Jackie Cooper, Henry Hull, J. Edward Bromberg, Donald Meek, Eddie Collins, John Carradine, George Barbier. P: 20th Century Fox. U: 12. August 1940

Western Union (Überfall der Ogalalla). R: Fritz Lang. B: Robert Carson (nach einem Roman von Zane Grey). K: Edward Cronjager, Allen M. Davey. Ba: Richard Day, Wiard B. Ihnen. D: Robert Young, Randolph Scott, Dean Jagger, Virginia Gillmore, John Carradine, Slim Summerville, Chill Wills, Barton MacLane, Russell Hicks, Victor Kilian. P: 20th Century Fox. U: 7. Februar 1941

Manhunt (Menschenjagd). R: Fritz Lang. B: Dudley Nichols (nach einem Roman von Geoffrey Household). K: Arthur Miller. Ba: Richard Day, Wiard B. Ihnen. D: Walter Pidgeon, Joan Bennett, George Sanders, John Carradine, Roddy McDowall, Ludwig Stössel, Heather Thatcher, Roger Imhof. P: 20th Century Fox. U: 13. Juni 1941

Hangmen Also Die (Auch Henker sterben). R: Fritz Lang. B: Fritz Lang, Bertolt Brecht, John Wexley. K: James Wong Howe. Ba: William Darling. D: Brian Donlevy, Walter Brennan, Anna Lee, Gene Lockhart, Dennis O'Keefe, Alexander Granach, Margaret Wycherly, Nana Bryant, Billy Roy, Hans von Twardowski, Tonio Stalwart. P: Arnold Productions/United Artists. U: 26. März 1943

Ministry of Fear (Ministerium der Angst). R: Fritz Lang. B: Seton I. Miller (nach dem Roman von Graham Greene). K: Henry Sharp. Ba: Hans T. Dreier, Hal Pereira. D: Ray Milland. Marjorie Reynolds, Carl Esmond, Dan Duryea, Hillary Brooke, Percy Waram, Erskine Sanford. P: Paramount. U: 19. Oktober 1944

The Woman in the Window (Gefährliche Begegnung). R: Fritz Lang. B: Nunnally Johnson (nach einem Roman von J. H. Wallis). K: Milton Krasner. Ba: Duncan Cramer. D: Edward G. Robinson, Joan Bennett, Raymond Massey, Dan Duryea, Edmond Breon, Thomas E. Jackson. P: International Pictures/Christie Corp./RKO. U: 10. Oktober 1944

Scarlet Street (Straße der Versuchung). R: Fritz Lang. B: Dudley Nichols (nach einem Roman von Georges de la Fouchardière). K: Milton Krasner. Ba: Alexander Golitzen. D: Edward G. Robinson, Joan Bennett, Dan Duryea, Margaret Lindsay, Rosalind Ivan, Samuel S. Hinds, Jess Barker, Arthur Loft, Vladimir Sokoloff. P: Diana/Universal International. U: 28. Dezember 1945

Cloak and Dagger (Im Geheimdienst). R: Fritz Lang. B: Albert Maltz, Ring Lardner jr. K: Sol Polito. Ba: Max Parker. D: Gary Cooper, Lilli Palmer, Robert Alda, Vladimir Sokoloff, J. Edward Bromberg, Marjorie Hoshelle, Ludwig Stössel, Helene Thimig, Dan Seymour. P: United States Pictures/Warner Bros. U: 11. September 1946

Secret Beyond the Door (Geheimnis hinter der Tür). R: Fritz Lang. B: Silvia Richards (nach einer Erzählung von Rufus King). K: Stanley Cortez. Ba: Max Parker. D: Joan Bennett, Michael Redgrave, Anne Revere, Barbara O'Neil, Natalie Schaefer, Paul Cavanagh, Anabel Shaw. P: Diana/Universal International. U: 13. Januar 1948

House by the River. R: Fritz Lang. B: Mel Dinelli (nach einem Roman von A. P. Herbert). K: Edward Cronjager. Ba: Boris Leven. D: Louis Hayward, Lee Bowman, Jane Wyatt, Dorothy Patrick, Ann Shoemaker, Jody Gilbert, Peter Brocco, Howland Chamberlain. P: Fidelity Pictures/Republic. U: 4. April 1950

American Guerrilla in the Philippines (Der Held von Mindanao). R: Fritz Lang. B: Lamar Trotti (nach dem Roman von Ira Wolfert). K: Harry Jackson. Ba: Lyle Wheeler, J. Russell Spencer. D: Tyrone Power, Micheline Presle, Jack Elam, Bob Patten, Tom Ewell, Tommy Cook, Robert Barrat. P: 20th Century Fox. U: 30. Mai 1952

Rancho Notorious (Engel der Gejagten). R: Fritz Lang. B: Daniel Taradash (nach einer Erzählung von Silvia Richards). K: Hal Mohr. Ba: Robert Priestley. D: Marlene Dietrich, Arthur Kennedy, Mel Ferrer, Gloria Henry, William Frawley, Lisa Ferraday, John Raven, Jack Elam, Dan Seymour, George Reeves, Rodric Redwing. P: Fidelity Pictures/RKO. U: 19. Dezember 1952

Clash by Night (Vor dem neuen Tag). R: Fritz Lang. B: Alfred Hayes (nach dem Theaterstück von Clifford Odets). K: Nicholas Musuraca. Ba: Albert S. D'Agostino, Carroll Clark. D: Barbara Stanwyck, Paul Douglas, Robert Ryan, Marilyn Monroe, J. Carroll Naish, Keith Andes, Milvio Minciotti. P: Wald-Krasna Productions/RKO. U: 16. Mai 1952

The Blue Gardenia (Gardenia – Eine Frau will vergessen). R: Fritz Lang. B: Charles Hoffman (nach einer Erzählung von Vera Caspary). K: Nicholas Musuraca. Ba: Daniel Hall. D: Anne Baxter, Richard Conte, Ann Sothern, Raymond Burr, Jeff Donnell, Richard Erdman, George Reeves, Ruth Storey, Ray Walker. P: Blue Gardenia Productions/Gloria/Warner Bros. U: 20. November 1953

The Big Heat (Heißes Eisen). R: Fritz Lang. B: Sidney Boehm (nach dem Roman von William P. McGivern). K: Charles Lang jr. Ba: Robert Peterson. D: Glenn Ford, Gloria Grahame, Jocelyn Brando, Alexander Scourby, Lee Marvin, Jeanette Nolan, Peter Whitney, Willis Bouchey, Robert Burton, Adam Williams, Howard Wendell. P: Columbia. U: 6. Oktober 1953

Human Desire (Lebensgier). R: Fritz Lang. B: Alfred Hayes (nach dem Roman «La Bête humaine» von Émile Zola). K: Burnett Guffey. Ba: Robert Peterson. D: Glenn Ford, Gloria Grahame, Broderick Crawford, Edgar Buchanan, Kathleen Case, Peggy Maley, Diane DeLaire, Grandon Rhodes. P: Columbia. U: 6. August 1954

Moonfleet (Das Schloß im Schatten). R: Fritz Lang. B: Jan Lustig, Margaret Fitts (nach dem Roman von John Meade Falkner). K: Robert Planck. Ba: Cedric Gibbons, Hans Peters. D: Stewart Granger, George Sanders, Joan Greenwood, Viveca Lindfors, Jon Whiteley, Liliane Montevecchi, Sean McClory, Melville Cooper, Alan Napier. P: MGM. U: 12. Mai 1955

While the City Sleeps (Die Bestie). R: Fritz Lang. B: Casey Robinson (nach einem Roman von Charles Einstein). K: Ernest Laszlo. Ba: Carroll Clark. D: Dana Andrews, Rhonda Fleming, George Sanders, Howard Duff, Thomas Mitchell, Vincent Price, John Barrymore jr., Sally Forrest, James Craig, Ida Lupino. P: RKO. U: 14. Mai 1956

Beyond a Reasonable Doubt (Jenseits allen Zweifels). R: Fritz Lang. B: Douglas Morrow. K: William Snyder. Ba: Carroll Clark. D: Dana Andrews, Joan Fontaine, Sidney Blackmer, Philip Bourneuf, Barbara Nichols, Shepperd Strudwick, Arthur Franz, Robin Raymond, Edward Binns, William Leicester. P: RKO. U: 1. Oktober 1956.

Der Tiger von Eschnapur / Das indische Grabmal. R: Fritz Lang. B: Fritz Lang, Werner Jörg Lüddecke (nach dem Roman von Thea von Harbou und dem Szenarium von Lang/Harbou). K: Richard Angst. Ba: Helmut Nentwig, Willy Schatz. D: Debra Paget, Paul Hubschmid, Walter Reyer, Claus Holm, Sabine Bethmann, Valery Inkijinoff, René Deltgen, Jochen Brockmann, Jochen Blume. P: CCC/Regina/Critérion Films/Rizzoli Films. U: 22. Januar/5. März 1959, Hannover bzw. Stuttgart

Die tausend Augen des Dr. Mabuse. R: Fritz Lang. B: Fritz Lang, Heinz Oskar Wuttig. K: Karl Loeb. Ba: Erich Kettelhut, Johannes Ott. D: Dawn Addams, Peter van Eyck, Wolfgang Preiß, Gert Fröbe, Werner Peters, Lupo Prezzo, Andrea Checchi, Reinhard Koldehoff, Howard Vernon. P: CCC/Critérion Films/Cei-Incom. U: 14. September 1960

Le Mépris (Die Verachtung). R: Jean-Luc Godard. B: Jean-Luc Godard (nach dem Roman von Alberto Moravia). K: Raoul Coutard. D: Brigitte Bardot, Michel Piccoli, Jack Palance, Georgia Moll, Fritz Lang, Jean-Luc Godard, Linda Véras. P: Les Films Concordia/Compagnia Cinematografica Champion. U: 27. Dezember 1963, Paris

Bibliographie

1. Veröffentlichungen von Fritz Lang

Die Spinnen. Bd. I: Der goldene See. Bd. II: Das Brillantenschiff. Berlin ·1920 (Roman). Neuausgabe: Mit einem Nachwort von CORNELIUS SCHNAUBER. München 1987
(Zum Kontingentsverfahren). In: Der Film (Berlin), 1922, Nr. 30
Arbeitsgemeinschaft im Film. In: Der Kinemathograph, 17. Februar 1924
Stilwille im Film. In: Jugend (Berlin), 1924, Nr. 3
Mein ideales Film-Manuskript. In: Film-Kurier (Berlin), 24. März 1924
Der künstlerische Aufbau des Filmdramas. In: Filmbote (Wien), 1924, Nr. 20. Ebenfalls in: Volksbildung (Wien), 1924, Nr. 4/5; Film-Kurier, 20./21. Mai 1924
Kitsch – Sensation – Kultur und Film. In: E. BEYFUSS und A. KOSSOWSKY (Hg.), Das Kulturfilmbuch. Berlin 1924. S. 28–31
Die Darsteller des Nibelungenfilms. In: Die Filmwoche (Berlin), 1924, Nr. 7
Worauf es beim Nibelungen-Film ankam. In: Programmbroschüre zu Die Nibelungen o. O. o. J. [Berlin 1924], S. 12–16
Was ich in Amerika sah. In: Film-Kurier, 11., 13. und 17. Dezember 1924
Zwischen Bohrtürmen und Palmen. Ein kalifornischer Reisebericht. In: Filmland (Berlin), 3. Januar 1925
Was lieben und hassen wir am amerikanischen Film? In: Deutsche Filmwoche (Berlin), 2. Oktober 1925 [Antwort auf eine Umfrage]
Ausblick auf morgen. Zum Pariser Kongreß. In: Lichtbild-Bühne, 25. September 1926
Wege des großen Spielfilms in Deutschland. In: Die Literarische Welt, 1. Oktober 1926 [Beitrag zur Umfrage: Wohin treiben wir?]
Vom gütigen Tod. In: Berliner Tageblatt, 1. Januar 1927 [Autobiographische Skizze]
30 Kreuzer täglich. In: Die Literarische Welt, 1927, Nr. 42 [Autobiographische Skizze]
Was ich noch zu sagen habe. In: Mein Film (Wien), 1927, Nr. 59 [Zu: Metropolis]
[Beitrag zu:] HERMANN TREUNER (Hg.), Filmkünstler. Wir über uns selbst. Berlin 1928 [Autobiographische Skizze]
Das Ausland erwartet alles von uns. In: Vossische Zeitung, 1. Januar 1929 [Antwort auf eine Umfrage]
Die mimische Kunst des Lichtspiels. In: Der Film (Berlin), 1929, Nr. 1
[Beitrag zu der Umfrage:] Mein Steckenpferd. In: Die Filmbühne (Berlin), Mai 1929
Film-Reportage. In: Vossische Zeitung, 13. Oktober 1929

Sechs Personen fahren zum Mond. In: Film-Magazin, Nr. 42, 20. Oktober 1929 [Zu: Frau im Mond]

Tatsachenbericht – ein Film. In: Lichtbild-Bühne, 11. Mai 1931.
  Ebenfalls in: Die Filmwoche (Berlin), 20. Mai 1931 [Zu: M]

Der Wille des Publikums. In: Reichsfilmblatt, 2. Januar 1932

Existenzkampf des Films. In: Reichsfilmblatt, 20. Februar 1932

Mes Amis, les Ouvriers. In: Excelsior (Paris), 27. April 1934.
  Wiederabdruck in: Positif, Nr. 188, Dezember 1976 [Zu: Liliom]

FRITZ LANG und BARTLETT CORMACK: Fury. In: JOHN GASSNER und DUDLEY NICHOLS (Hg.), Twenty Best Film Plays. New York 1943. S. 521–582 [Drehbuch]

One Film World. In: Hollywood Reporter, 2. November 1943

Director Presents His Case Against Censorship of Films. In: Los Angeles Daily News, 15. August 1946

Director Tells of Bloodletting and Violence. In: Los Angeles Herald Express, 12. August 1947

The Freedom of the Screen. In: Theatre Arts, Nr. 31, Dezember 1947, S. 52–55
  Wiederabdruck in: RICHARD KOSZARSKI (Hg.), Hollywood Directors 1941–1976. New York 1977. S. 134–142

Happily Ever After. In: Penguin Film Review, Nr. 5, Januar 1948, S. 22–29. Deutsche Übersetzung in: Der Monat, Nr. 7, April 1949; Filmstudio (Frankfurt a. M.), Nr. 44, September 1964

Il dottore Mabuse non era nazista. In: Cinema Nuovo (Turin), 15. Januar 1953

Fritz Lang Who in 1925 Dreamed of the Future Talks About the Problems of Life Today. In: Films and Filming, Nr. 9, Juni 1962

FRITZ LANG und THEA VON HARBOU: M. Filmprotokoll von Gero Gandert und Ulrich Gregor. Hamburg 1963

[Über Dr. Mabuse, der Spieler:] In: Atlas Filmheft, Nr. 38, 1964; unter dem Titel Bilder der Zeit in: Frankfurter Rundschau, 25. Juli 1964

La Nuit Viennoise. Une Confession de Fritz Lang. Hg. von GRETCHEN WEINBERG. In: Cahiers du Cinéma, Nr. 169 (August 1965) und Nr. 179 (Juni 1966)

Science Fiction Film-maker's Debt to Rocket Man Willy Ley. In: Los Angeles Times, 27. Juli 1969

[Autobiographischer Bericht in:] CHARLES HIGHAM und JOEL GREENBERG (Hg.): The Celluloid Muse. Hollywood Directors Speak. Chicago 1969. S. 104–127

Preface. In: HERMAN G. WEINBERG, Saint Cinema. New York 1970

Ein Brief von Fritz Lang. In: Deutsche Kinemathek (Hg.), Caligari und Caligarismus. Berlin 1970

[Autobiographischer Bericht in:] BERNARD ROSENBERG und HARRY SILVERSTEIN: The Real Tinsel. London 1970. S. 333–348

Die Erinnerung von Fritz Lang. In: Filmkritik, Nr. 223, Juli 1975 [Sonderheft zu Hangmen Also Die]

Autobiography. In: LOTTE H. EISNER, Fritz Lang. London 1976. S. 9–15

Metropolis. Un film de Fritz Lang. Images d'un tournage. Paris 1985

Henker sterben auch (Hangmen Also Die). Drehbuch und Materialien zum Film. Hg. Von JÜRGEN SCHEBERA. Berlin/DDR 1985

Der Tod eines Karrieregirls. Hg. von CORNELIUS SCHNAUBER. Wien 1987

Der Berg des Aberglaubens und andere Geschichten. Hg. von CORNELIUS SCHNAUBER. Wien 1988

«Meine letzten Pariser Tage». Ein unveröffentlichter Brief Fritz Langs, kommentiert von GEORGES STURM. In: SDK-Newsletter, 1994, Nr. 5, S. 12–18

2. Interviews

-t: Leute, die man im Film nicht sieht!. In: Die Filmwoche (Berlin), 1924, Nr. 24, S. 517.

Ludwig Spitzer: Fritz Lang über den Film der Zukunft. In: Die Filmtechnik (Halle), 15. Juli 1925

A. Neverov: Gespräch mit Fritz Lang. In: Kino-Archiv, Moskau 1925. Wiederabdruck in: Komitee für Kinemathographie beim Ministerrat der UdSSR, Die Filme von Fritz Lang. Moskau 1966. S. 17 f

Ernst Jaeger: Ich spreche mit Fritz Lang: In: Film-Revue (Baden-Baden), Jg. 2 (1948), S. 133

Robert Jungk: Guerilla in Hollywood. In: Die Tat (Zürich), 17. Dezember 1950

Bert Reisfeld: Filmgespräche mit Fritz Lang. In: Frankfurter Neue Presse, 8. Juni 1952

Henry Hart: Fritz Lang Today. In: Films in Review, Jg. 7 (1956), Nr. 6, S. 261

Erwin Kippmüller: Gespräch mit Fritz Lang. In. Süddeutsche Zeitung, 9. 10. 1956

Michel Delahaye und Jean Wagner: Fritz Lang entre deux portes. In: Présence du Cinéma, 1959, Nr. 2/3, S. 48–50

Jean Domarchi und Jacques Rivette: Entretien avec Fritz Lang. In: Cahiers du Cinéma, Nr. 99, September 1959, S. 1–10

Mark Shivas: Fritz Lang Talks About Dr. Mabuse. In: Movie (London), Nr. 4, November 1962. Wiederabdruck in: Andrew Sarris (Hg.), Interview with Film Directors. Indianapolis 1967. S. 257–261

Was bin ich, was sind wir? Aus französischen Interviews mit Fritz Lang. In: Filmkritik, 1963, Nr. 7, S. 308–311

Gero Gandert: Fritz Lang über M. Ein Interview. In: Fritz Lang, M. Protokoll. Hamburg 1963. S. 123–128

Jean-Louis Noames: Nouvel entretien avec Fritz Lang. In: Cahiers du Cinéma, Nr. 156, Junin 1964, S. 1–8

Peter Bogdanovich: Fritz Lang in America. London 1967

Axel Madsen: Fritz Lang: An Interview. In: Sight and Sound (London), Jg. 36 (1967), Nr. 3, S. 109–112

Michel Ciment [u. a.]: Fritz Lang à Venise. In: Positif (Paris), Nr. 94, April 1968, S. 9–15

Mary Blume: Fritz Lang Visits His Children. In: International Herald Tribune, 10. April 1969

Gérard Langlois: Fritz Lang: Une main tendue vers la jeunesse. In: Les Lettres Françaises, 16. April 1969

N. Wendevogel: Scharf und schnell: Fritz Lang. In: Der Tagesspiegel (Berlin), 1. Juli 1971

Fritz Lang Seminar (Interview mit Studenten des American Film Institute). In: Dialogue on Film, Jg. 3 (1974), Nr. 5. S. 2–11

Gene D. Phillips: Fritz Lang Remembers. In: Focus on Film (London), Nr. 20, Frühjahr 1975, S. 43–51

Claude Beylie: Fritz Lang. Ordre et Génie. In: Écran (Paris), Nr. 51, 15. Oktober 1976. S. 42–47

Scott Eyman: Fritz Lang Remembered. In: Take One (Montreal), Jg. 5 (1977), Nr. 8, S. 15–16

Jean-Luc Godard: «Der Dinosaurier und das Baby». In: Trans Atlantik, 1990, Nr. 12, S. 77–82

3. Sekundärliteratur

ALFRED APPEL: Fritz Lang's American Nightmare. In: Film Comment, Jg. 10 (1974), Nr. 6, S. 12–17

ROBERT A. ARMOUR: Fritz Lang. Boston 1977

ALFONS ARNS und HANS-PETER REICHMANN (Red.): Otto Hunte. Architekt für den Film. Frankfurt a. M. 1996

DIETER BARTETZKO: Illusionen in Stein. Reinbek 1985. S. 243–274

JANET BERGSTROM: The Mystery of «The Blue Gardenia». In: JOAN COPJEC (Hg.), Shades of Noir. London, New York 1993, S. 97–120

BARBARA BONGARTZ: Von Caligari zu Hitler – von Hitler zu Dr. Mabuse? Münster 1992

THOMAS BRANDLMEIER: Lang*Renoir/Renoir*Lang. In: epd Film, 1984, Nr. 10, S. 19–22

ANGELIKA BREITMOSER-BOCK: Bild, Filmbild, Schlüsselbild. Zu einer kunstwissenschaftlichen Methodik der Filmanalyse am Beispiel von Fritz Langs «Siegfried». München 1992

KARIN BRUNS: Kinomythen 1920–1945. Die Filmentwürfe der Thea von Harbou. Stuttgart, Weimar 1995

PETER BUCHKA: Ansichten des Jahrhunderts. München 1988. S. 43–58

GÜNTER A. BUCHWALD: Musik zum Stummfilm: «Metropolis» (1927). In: Musik und Unterricht, Jg. 22 (1992), Nr. 17, S. 17–19

OKSANA BULGAKOWA: Eisenstein, Fritz Lang und der Körper der Masse. In: AKADEMIE DER KÜNSTE (Hg.), Eisenstein und Deutschland. Berlin 1998, S. 143–156

NOEL BURCH: De «Mabuse» à «M»: Le Travail de Fritz Lang. In: Revue d'Esthétique, Sonderheft 1973. Englisch in: RICHARD ROUD (Hg.), Cinema. A Critical Dictionary. Bd. 2. New York 1980. S. 583–599

JOSEPH S. M. J. CHANG: «M»: A Reconsideration. In: Literature/Film Quarterly, Jg. 7 (1979), Nr. 4, S. 300–308

MICHEL CHION: Écrire un scénario. Paris 1985. S. 41–57

JEKATERINA CHOCHLOWA: Die erste Filmarbeit Sergej Eisensteins. Die Ummontage des «Dr. Mabuse, der Spieler» von Fritz Lang. In: AKADEMIE DER KÜNSTE (Hg.), Eisenstein und Deutschland. Berlin 1998, S. 115–122

TOM CONLEY: Film Hieroglyphs. Ruptures in Classical Cinema. Minneapolis, Oxford 1991, S. 20–45

FRANCIS COURTADE: Fritz Lang. Paris 1963

ROGER DADOUN: Le pouvoir et «sa» folie. D'après «M. Le maudit», de Fritz Lang. In: Positif, Nr. 188, Dezember 1976, S. 13–20

CLAUDIA DILLMANN-KÜHN: Artur Brauner und die CCC. Frankfurt a. M. 1990. S. 104–120

EDWARD DIMENDBERG: From Berlin to Bunker Hill: Urban Space, Late Modernity, and Film Noir in Fritz Lang's and Joseph Losey's «M». In: Wide Angle, Jg. 19 (1997), Nr. 4, S. 62–93

JEAN DOUCHET, MICHEL PICCOLI, NICOLAS SAADA: Hommage à Fritz Lang. In: Cahiers du cinéma, 1990, Nr. 437, S. 50–63

DIETER DÜRRENMATT: Fritz Lang. Leben und Werk. Basel 1982

WERNER DÜTSCH: Fritz Lang. Ein Essay. In: steadycam, 1991, Nr. 18, S. 29–49

ALFRED EIBEL: Fritz Lang. Paris 1964

BERNARD EISENSCHITZ: «Man Hunt» de Fritz Lang. Crisnée 1992

B. EISENSCHITZ und P. BERTETTO (Hg.): Fritz Lang. La mise en scène. Turin 1994

LOTTE H. EISNER: Notes sur le Style de Fritz Lang. In: Le Revue du Cinéma, Nr. 5, Februar 1947, S. 22–24

LOTTE H. EISNER: Die dämonische Leinwand. Überarbeitete Neuausgabe: Frankfurt a. M. 1975 und 1980

LOTTE H. EISNER: Fritz Lang. Edited by DAVID ROBINSON. London 1976

L. H. EISNER: Ich hatte einst ein schönes Vaterland. Memoiren. Heidelberg 1984

MICHAEL ESSER: Zombies im Zauberwald. «Die Nibelungen» von Fritz Lang. In: HANS MICHAEL BOCK und MICHAEL TÖTEBERG (Hg.), Das Ufa-Buch. Frankfurt a. M. 1992. S. 142–145

ALEXANDER FOUQUET: Ich glaube, ich mag Fritz Lang. Stenogramm zu seinen amerikanischen Filmen. In: Filmstudio, Nr. 45, November 1964, S. 23–31

GEORGES FRANJU: Le Style de Fritz Lang. In: Cahiers du Cinéma, Nr. 100, November 1959, S. 16–22. Englisch in: LEO BRAUDY und MORRIS DICKSTEIN (Hg.), Great Film Directors. New York 1978. S. 583–589

JOSEPH GARNCARZ: Fritz Lang's «M»: A Case of Significant Film Variation. In: Film History, Jg. 4 (1990), S. 219–226

FRED GEHLER und ULLRICH KASTEN: Fritz Lang. Die Stimme von Metropolis. Berlin 1990

WOLFGANG GERSCH: Film bei Brecht. Berlin (DDR) 1975

GUNTRAM GESER: Innovation und Anachronismus. Fritz Lang und die Kluft zwischen Filmtechnik und Stummfilmschauspiel gegen Ende der zwanziger Jahre. In: TheaterZeitSchrift, 1993, Nr. 35, S. 109–117

GUNTRAM GESER: Fritz Lang – «Metropolis» und «Die Frau im Mond». Zukunftsfilm und Zukunftstechnik in der Stabilisierungszeit der Weimarer Republik. Meitingen 1996

SOL GITTLEMAN: Fritz Lang's «Metropolis» and Georg Kaiser's «Gas I»: Film, Literature, and the Crisis of Technology. In: Die Unterrichtspraxis, Jg. 12 (1979), Nr. 2, S. 27–30

FRIEDA GRAFE, ENNO PATALAS, HANS HELMUT PRINZLER, PETER SYR: Fritz Lang. München 1976

REINHOLD GRIMM und HENRY J. SCHMIDT: Bertolt Brecht and «Hangmen Also Die». In: Monatshefte für den deutschen Unterricht, Jg. 61 (1969), Nr. 3, S. 232–240

NORBERT GROB und NORBERT JOCHUM: The Big Heat. In: Jahrbuch Film 81/82, München 1981, S. 85–101

TOM GUNNING: The Films of Fritz Lang. Allegories of Vision and Modernity. London 2000

SABINE HAKE: Architectural Histories: Fritz Lang and «The Nibelungs». In: Wide Angle, Jg. 12 (1990), Nr. 3, S. 38–57

SABINE HAKE: Legacies: Mabuse, Lang, and the Sound of Noir. In: Iris, 1996, Nr. 21, S. 54–73

BARBARA HALES: Fritz Lang's «Metropolis» and Reactionary Modernism. In: New German review, Jg. 8 (1992), S. 18–30

SILVIA HEBEL: Bild- und Tonmontage in dem Film «M» unter besonderer Berücksichtigung epischer Passagen, die die Fabel ergänzen und akzentuieren. In: Filmwissenschaftliche Mitteilungen, Jg. 6 (1965), Sonderheft, S. 181–206

ADOLF HEINZLMEIER: Fritz Lang. Rastatt 1990

HEINZ-B. HELLER: «Man stellt Denkmäler nicht auf den flachen Asphalt». In: JOACHIM HEINZLE und ANNELIESE WALDSCHMIDT (Hg.), Die Nibelungen. Frankfurt a. M. 1991. S. 351–369

Rolf Hempel: Fritz-Lang-Mythos – für wen? In: Prisma 3. Berlin (DDR) 1972. S. 236–251

Felix Hofmann und Stephen D. Youngkin: Peter Lorre. München 1998

Reimar Hollmann: Fritz Lang. Regisseur ohne Engagement. In: Film (Velber), 1965, Nr. 12, S. 27–32

Reynold Humphries: Fritz Lang. Cinéaste américain. Paris 1982. Englisch: Fritz Lang. Genre and Representation in His American Films. Baltimore 1989

Andreas Huyssen: The Vamp and the Machine: Technology and Sexuality in Fritz Lang's «Metropolis». In: new german critique, Nr. 24/25, 1981, S. 221 bis 237

Norbert Jacques: Das Testament des Dr. Mabuse. Hg. von Michael Farin und Günter Scholdt. Hamburg 1994. [Anhang: Korrespondenz Norbert Jacques/Thea von Harbou/Fritz Lang u. a.]

Eckart Jahnke: Fritz Langs «M». In: Filmwissenschaftliche Mitteilungen, Jg. 6 (1965), Sonderheft, S. 169–180

Stephan Jankowski: Warte, warte nur ein Weilchen ... Die Diskussion um die Todesstrafe in Fritz Langs Film «M». Wetzlar 1998

Stephen Jenkins (Hg.): Fritz Lang. The Image and the Look. London 1981

Paul M. Jensen: The Cinema of Fritz Lang. New York – London 1969

Holger Jörg: Die sagen- und märchenhafte Leinwand. Erzählstoffe, Motive und narrative Strukturen des Volksprosa im «klassischen» deutschen Stummfilm (1910–1930). Sinzheim 1994. S. 178–210

Anton Kaes: «M». London 2000

E. Ann Kaplan: The Place of Women in Fritz Lang's «The Blue Gardenia». In: dies. (Hg.), Women in Film Noir. London 1978, S. 83–90

E. Ann Kaplan: Fritz Lang. A Guide to References and Resources. Boston 1981

E. Ann Kaplan: Ideology & Cinematic Practice in Lang's «Scarlet Street» & Renoir's «La Chienne». In: Wide Angle, Jg. 5 (1983), Nr. 3, S. 32–43

Anette Kaufmann: Angst. Wahn. Mord. Münster 1990

Reinhold Keiner: Thea von Harbou und der deutsche Film bis 1933. Hildesheim 1984

Thomas Koebner: Verwandlungen. Fritz Langs «M» restauriert im Kino. In: filmdienst, 1996, Nr. 12, S. 36–38

Siegfried Kracauer: From Caligari to Hitler. Princeton 1947. Deutsche Ausgabe: Frankfurt a. M. 1979

Peter Krauskopf: Deutsche Zeichen, deutsche Helden. Einige Bemerkungen über Karl May und den deutschen Film, Fritz Lang und Thea von Harbou. In: Jahrbuch der Karl-May-Gesellschaft, 1996, S. 365–393

Klaus Kreimeier: Die Ufa-Story. München 1992

Gertraude Kühn: «Das Testament des Dr. Mabuse». Kleiner Nachtrag zum Schicksal des Fritz-Lang-Films. In: Prisma 19. Berlin 1990. S. 223–240

Gavin Lambert: Fritz Lang's America. In: Sight and Sound, Jg. 25 (1955), Nr. 1 und 2, S. 15–21, 92–97

Gerard Leblan und Brigitte Devismes: Le double scenario chez Fritz Lang. Paris 1991

David J. Levin: Richard Wagner, Fritz Lang, and the Nibelungen. The Dramaturgy of Disavowal. Princeton 1998

Hildegard Lorenz: Raumstruktur und Filmarchitektur in Fritz Langs «Der müde Tod» (1921). In: Elfriede Ledig (Hg.), Der Stummfilm. München 1988. S. 117–134

Ludwig Maibohm: Fritz Lang. München 1981
Colin McArthur: Underworld USA. London 1972. S. 71–81
Colin McArthur: «The Big Heat». London 1992
Patrick McGilligan: Fritz Lang. The Nature of the Beast. New York/London 1997
Michel Mesnil: Fritz Lang: Le Jugement. Paris 1996
Janice Morgan: Scarlet Streets: Noir Realism from Berlin to Paris to Hollywood. In: Iris, 1996, Nr. 21, S. 31–53
James Morrison: Cultural Hierarchy in «Scarlet Street». In: Arizona Quarterly, 1996, Nr. 2, S. 125–161
Luc Moullet: Fritz Lang. Paris 1963
Peter Nau: Hangmen Also Die. Die Bestie. In: Filmkritik, Nr. 270, Juni 1979, S. 250–252
Dietrich Neumann: Die Bauten von Metropolis. In: Wolfgang Jacobsen u. a. (Hg.), Kino – Movie – Cinema. Berlin 1995, S. 28–34
Geoffrey O'Brien: Fritz Lang's «Spies». In: Film Comment, Jg. 31 (1995), Nr. 4, S. 66–69
Frederick W. Ott: The Films of Fritz Lang. Secaucus 1979
David L. Overbey: Fritz Lang's Career Girl. In: Sight and Sound, Jg. 44 (1975), Nr. 4, S. 240–243
Enno Patalas: «Metropolis», Bild 103. In: Elfriede Ledig (Hg.), Der Stummfilm. München 1988. S. 153–162
Brigitte Peucker: Incorporating Images. Film and the Rival Arts. Princeton 1995, S. 31–41
Eric Rhode: Tower of Babel. London 1966. S. 83–105
Howard A. Rodman: LAngopolis. Roman. Weinheim, Berlin 1990
Lane Roth: «Metropolis». The Lights Fantastic: Semiotic Analysis of Lighting Codes in Relation to Character and Theme. In: Literature/Film Quarterly, Jg. 6 (1978), Nr. 4, S. 342–346
Vicente Sanchez-Biosca (Hg.): Más allá de la duda. El cine de Fritz Lang. Valencia 1992
Irmbert Schenk (Hg.): Dschungel Großstadt. Marburg 1999
Hans Schmid: Fenster zum Tod. München 1993
Cornelius Schnauber: Fritz Lang in Hollywood. Wien 1986
Cornelius Schnauber: Fritz Langs Methode des Drehbuchschreibens. In: Alexander Schwarz (Hg.), Das Drehbuch. München 1992, S. 117–146
Günter Scholdt (Hg.): Dr. Mabuse. Roman, Film, Dokumente. St. Ingbert 1987
Heide Schönemann: Fritz Lang. Filmbilder – Vorbilder. Berlin 1992
Peter H. Schröder: Ornament und Ideologie. In: Film, 1964, Nr. 8, S. 6–9, 53
Peter H. Schröder: Orientalischer Irrgarten und Großberlin. In: Filmkritik, 1965, Nr. 12, S. 670–682
Wolfram Schütte: Kolportage, Stilisierung, Realismus. Anmerkungen zum Werk Fritz Langs von den «Spinnen» bis zu dem «Testament des Dr. Mabuse». In: Filmstudio, 1964, Nr. 44, S. 34–44
Karl Sierek und Holger Stern: Die blaue Blume. «The Blue Gardenia» von Fritz Lang (1953). In: Christian Cargnelli und Michael Omasta (Hg.), Schatten. Exil. Europäische Emigranten im Film noir. Wien 1997, S. 247–253
Alain Silver und Elizabeth Ward (Hg.): Film Noir. London 1979
Noël Simsolo, Bernard Eisenschitz und Gérard Legrand: «M le Maudit». Paris 1990

NICK SMEDLEY: Fritz Lang Outfoxed. The German Genius as Contract Employee. In: Film History, Jg. 4 (1990), S. 289–304

STEFANO SOCCI: Fritz Lang. Rom 1995

VICTORIA M. STILES: The Siegfried Legend and the Silent Screen: Fritz Lang's Interpretation of a Hero Saga. In: Literature/Film Quarterly, Jg. 8 (1980), Nr. 4, S. 232–236

THOMAS STRACK: Fritz Lang und das Exil. Rekonstruktion einer Erfahrung mit dem amerikanischen Film. In: Exilforschung. Bd. 13. München 1995. S. 184–203

GEORGES STURM: «Metropolis»: Auf der Suche nach der verlorenen Szene. In: Bulletin Cicim, 1983, Nr. 5/6, S. 88–95

GEORGES STURM: Für Hel ein Denkmal, kein Platz. In: Bulletin Cicim, 1984, Nr. 9, S. 54–78

GEORGES STURM: Fritz Lang. Films/Textes/Références. Nany 1990

MICHAEL TÖTEBERG: Nie wieder Fritz Lang! Ein schwieriges Verhältnis und sein Ende. In: HANS MICHAEL BOCK und MICHAEL TÖTEBERG (Hg.), Das Ufa-Buch. Frankfurt a. M. 1992. S. 218–223

MICHAEL TÖTEBERG:»... mit kühler Reserve behandeln!» Fritz Lang und die Ufa. In: RAINER ROTHER (Hg.), Die Ufa – Das deutsche Bilderimperium. Berlin 1992, Nr. 6, S. 2–8

MICHAEL TÖTEBERG: Die Rückkehr des Dr. Mabuse. In: THOMAS KOEBNER (Hg.), Idole des deutschen Films. Eine Galerie von Schlüsselfiguren. München 1997. S. 363–371

RONALD TUCH: Themes and Structures in the Cinema of Fritz Lang. New York University, Ph. D., 1977

ANNELIESE WALDSCHMIDT: Sendboten deutschen Wesens. Fritz Lang, Thea von Harbou und «Die Nibelungen». In: HANS MICHAEL BOCK und MICHAEL TÖTEBERG (Hg.), Das Ufa-Buch. Frankfurt a. M. 1992. S. 138–141

GÖSTA WERNER: Fritz Lang and Goebbels: Myth and Facts. In: Film Quarterly, Jg. 43 (1989/90), Nr. 3, S. 24–27

ROBIN WOOD: Fritz Lang: 1936–60. In: RICHARD ROUD (Hg.), Cinema. A Critical Dictionary Bd. 2. New York 1980. S. 599–609

Namenregister

Die kursiv gesetzten Zahlen bezeichnen die Abbildungen

Adorno, Theodor W. (Theodor Wiesengrund 101, 122
Andes, Keith *114*
Andrews, Dana *120*
Artaud, Antonin 81

Balázs, Béla 46, 55
Bardot, Brigitte 128, 130, *126*
Barrow, Clyde 87
Bennett, Joan 113, 118, *116/117*
Bloch, Ernst 8
Böcklin, Arnold 48
Bogdanovitch, Peter 88
Boyer, Charles 81, *84*
Brauner, Artur 122f
Brecht, Bertolt 15, 72, 95, 97f, 128, *97*
Buñuel, Luis 34, 55, 57, 60, 131, *34*

Chabrol, Claude 128
Chandler, Raymond 105
Chaplin, Charles Spencer 50, 97
Cocteau, Jean 81
Cooper, Gary 113
Cooper, Jackie *93*
Cormack, Bartlett 83
Cukor, George 83, 131

Dagover, Lil (Marta Daghofer) 22, 33, *21, 127*
Denis, Maurice 10
Denola, Georges 10
Dies, Martin 106
Dietrich, Marlene (Maria Magdalena von Losch) 113, *115*
Diez, Julius 10

Döblin, Alfred 42, 96
Dreyer, Carl Theodor 25, 35
Dürer, Albrecht 33
Duryea, Dan 113

Eichberg, Richard 30, 122
Eisenstein, Sergej M. 29, 40, 57
Eisler, Hanns 98, 99, 101f, 105
Eisner, Lotte H. 7, 32, 48, 50, 128
Elam, Jack *115*
Eyck, Peter van 124

Fairbanks, Douglas (Julius Ullman) 34, 50
Fehling, Jürgen 42
Feuillade, Louis 10
Fonda, Henry 93, *93*
Ford, Glenn (Gwyllyn Ford) 116
Ford, John 131
Frank, Leonhard 96
Freud, Sigmund 109
Fritsch, Willy 63, 122
Fröbe, Gert 124
Fröhlich, Gustav *127*

Gabin, Jean (Jean-Alexis Moncorgé) 99, 116
George, Heinrich (Georg Heinrich Schulz) 79
Godard, Jean-Luc 91, 128, 130, *91*
Goebbels, Joseph 49, 77f, 122
Goetzke, Bernhard 33, *31*
Goldwyn, Samuel (Samuel Goldfish) 50
Grahame, Gloria 113, *118*

Greene, Graham 87, 104
Grieg, Edvard 69, 71
Griffith, David Wark 50
Gründgens, Gustaf 69, 72
Grünewald, Matthias (Mathis Nithart) 33
Guillemot, Agnès 128

Hammett, Dashiell 105
Harbou, Thea von 7, 25f, 35f, 41, 43, 45, 49, 53, 55, 62, 64, 67, 74, 79f, 122, *26, 27, 68, 74*
Harlan, Veit 80, 122
Hauptmann, Gerhart 79
Hebbel, Friedrich 42
Helm, Brigitte (Gisele Eve Schiltenhelm) 122
Herlth, Robert 33
Heydrich, Reinhard 99, 102
Himmler, Heinrich 102
Hitchcock, Alfred 62, 104, 118, 131
Hitler, Adolf 38, 48, 74, 78f, 81, 83, 99, 101, 102
Hoffmann, Carl 42
Hoffmann, Ernst Theodor Amadeus 33
Household, Geoffrey 104
Hugenberg, Alfred 49, 61, *63*
Hunte, Otto 30, 47, 60, 79

Jacques, Norbert 35f, 41, 75, *36*
James, Frank 91
Janowitz, Hans 22
Janssen, Walter *31*
Jhering, Herbert 32
Jolson, Al (Joseph Rosenblatt) *66*

King, Henry 91
Klein-Rogge, Rudolf 25, 29, 38, 79f, *28, 39, 76*
Klimt, Gustav 9
Klinger, Max 48
Klingler, Werner 125
Klitzsch, Ludwig 65
Kluge, Alexander 123, *123*
Kolbe, Hanns 36
Kortner, Fritz 100
Kracauer, Siegfried 38, 48, 61, *62*
Krasna, Norman 84
Krauß, Werner 17, 22

Kubin, Alfred 22
Kürten 69

La Jana 30, 122
Lang, Anton 7, 9, 99
Lang, Paula 7
Langlois, Henri 128
Lapierre, Marcel 32
Latté, Lilly 89, 97, *90*
Leni, Paul 38
Ley, Willy 65
Liebmann, Robert 81, 96
Linder, Max (Gabriel Leuville) 10, *11*
Lingen, Theo (Theo Schmitz) 72
Loos, Theodor 80
Lorre, Peter 69, 71, 83, *73*
Losey, Joseph 118
Lubitsch, Ernst 17, 50, 83, *51*
Lüddecke, Werner Jörg 124
Ludendorff, Erich 35
Lupino, Ida *120*

MacDonald, Francis *115*
Malraux, André (André Berger) 130
Mann, Erika 89
Mann, Heinrich 96
Mann, Klaus 89, 99
Mann, Thomas 36
Mannix, Edgar J. 83
Maurus, Gerda 122
May, Joe (Joseph Mandel) 10f, 24, 25, 27, 30f, 83, 122, 124, *13*
May, Karl 20, 30, 125
May, Mia 11f, 25, 30
Mayer, Carl 22
Mayer, Louis B. 83
Mehring, Walter 96
Milland, Ray *105*
Miller, Seton F. 104
Molnár, Ferenc 81
Monroe, Marilyn (Norma Jean Baker) 113, *114*
Moreau, Jeanne 130
Morena, Erna *29*
Murnau, Friedrich Wilhelm (Friedrich Wilhelm Plumpe) 25, 35, 38, 50, 61, 83, 124

Nebenzal, Seymour 68, 74, 118
Nichols, Dudley 84, 104
Nietzsche, Friedrich 38

Nissen, Aud Egede *36*
Nürnberg, Rolf 99

Oberth, Hermann 65
Odets, Clifford 98, 113
Ozeray, Madeleine *84*

Pabst, Georg Wilhelm 50, 68
Palance, Jack 128
Palmer, Lilli 113
Parker, Bonnie 87
Patalas, Enno 102
Piccoli, Michel 128, *126*
Pick, Lupu 66
Pickford, Mary (Gladys Mary Smith) 50
Pinthus, Kurt 51, 67
Poe, Edgar Allan 105
Polgar, Alfred 96
Pommer, Erich 13, 15, 17f, 22, 24, 25, 31, 35, 38, 50, 52, 61, 81, 117, *14, 49*
Ponti, Carlo 130
Pressburger, Arnold 99, 105
Prien, Niels *21*
Putti, Lya de *29*

Ralph, Hanna 43
Rathenau, Walther 61
Reimann, Walter 22
Reindl, Harald 125
Reinhardt, Max (Max Goldmann) 42
Reiniger, Lotte 42
Renoir, Jean 111f, 116
Reynolds, Marjorie *105*
Riefenstahl, Leni 48
Rippert, Otto 17
Rivette, Jacques 121, 128
Robinson, Edward G. (Emanuel Goldenberg) 113, *108, 109*
Röhrig, Walter 22, 33
Ruttmann, Walter 42

Sartre, Jean-Paul 110
Schatz, Willy 123
Schiele, Egon 9
Schlesinger, Paula s. u. Paula Lang

Schlettow, Hans Adelbert von *46*
Schlöndorff, Volker 127
Schub, Esfira 40
Seeber, Guido 29
Selznick, David O. 83
Sidney, Sylvia 95, *86*
Siodmack, Robert 83
Sirk, Douglas (Hans Detlef Sierck) 83
Spitzweg, Carl 33
Stauß, Emil Georg von 35, 61
Sternberg, Josef von (Jonas Sternberg) 113
Stresemann, Gustav 50

Tairov, Alexander J. 57
Torberg, Friedrich 96
Tracy, Spencer 93, *85*
Treuner, Hermann 25
Truffaut, François 87, 111, 119, 120, 121, 128, *111*
Tucholsky, Kurt 67
Twardowski, Hans von *98*

Vollbrecht, Karl 79

Wagner, Fritz Arno 79, 122, *68*
Wagner, Richard 51, 61
Wallace, Edgar 11
Wallis, J. H. 110
Wanger, Walter 118
Warm, Hermann 22, 33
Wegener, Paul 17
Weigel, Helene 100
Weill, Kurt 95
Welcker, Gertrude *36*
Welles, Orson 97
Wells, Herbert George 55
Wernicke, Otto 79
Wexley, John 100, 104f
Wiene, Robert 24
Wilder, Billy 83, 94, 131
Wuttig, Heinz Oskar 124

Zimmermann, Regierungsrat 76
Zuckmayer, Carl 96f

Über den Autor

Michael Töteberg, geboren 1951 in Hamburg, Lektor und Publizist, Leiter der Medienabteilung des Rowohlt Verlages. Veröffentlichungen: «John Heartfield» (1978, rowohlt monographie), «Fritz Reuter» (1978, rowohlt monographie), «Marieluise Fleißer» (1979, mit Wend Kässens), «Günter Wallraff» (1979, mit Ulla Hahn), «Fellini» (1989, rowohlt monographie), «Filmstadt Hamburg» (1990). Herausgeber u. a. von «Das Ufa-Buch» (1992, mit Hans-Michael Bock), «Metzler Filmlexikon» (1994) und «Szenenwechsel. Momentaufnahmen des jungen deutschen Films» (1999). Zahlreiche Editionen, u. a. der Essays und Reden von Klaus Mann (1992–1994, mit Uwe Naumann), dem Nachlaß von Rainer Werner Fassbinder (1984–1991), Aufsätzen und Schriften der Filmemacher Wim Wenders («Die Logik der Bilder», 1988) und Edgar Reitz («Drehort Heimat», 1993) sowie der Filmbücher zu «Lola rennt» von Tom Tykwer (1998) und «Absolute Giganten» von Sebastian Schipper (1999). Mitarbeiter am «Kritischen Lexikon zur deutschsprachigen Gegenwartsliteratur» (KLG) sowie am Filmlexikon «CineGraph».

Quellennachweis der Abbildungen

Aus: Friedrich W. Ott, The Films of Fritz Lang, USA 1979: 6, 14, 19, 21, 49, 56, 57, 58/59, 70, 88, 94, 103, 105, 108, 109, 112, 115, 116/117, 118, 120, 124
Aus: Lotte H. Eisner, Fritz Lang, London 1976: 8, 46, 64/65, 82, 85, 86, 125
Ullstein-Bilderdienst, Berlin: 11, 13, 27, 28, 36, 39, 63, 111, 123
Sammlung Michael Töteberg: 16, 40, 47, 54, 60, 62, 80
Aus: John Kobal, Great Film Stills of the German Silent Era, Toronto 1981: 23, 31, 43, 45
Aus: Reinhold Keiner, Thea von Harbou und der deutsche Film bis 1933, Hildesheim–Zürich–New-York, 1984: 26, 74
Aus: Christa Bandmann, Joe Hembus, Klassiker des Deutschen Tonfilms, München 1980: 29
Aus: Lotte H. Eisner, The Haunted Screen, London 1973: 44
Deutsche Kinemathek, Berlin: 51, 68
Aus: Richard Lawton, A World of Movies, New York 1974: 66
Aus: Classic Film Scripts, «M» a film by Fritz Lang, London 1968: 73 o., 73 u.
Aus: Ludwig Maibohm, Fritz Lang, Seine Filme sein Leben, München 1981: 77, 90, 93
Aus: Noël Simsolo, Fritz Lang, Paris o. J.: 84, 92, 114, 126
Aus: Dieter Dürrenmatt, Fritz Lang, Leben und Werk, Basel 1982: 98, 110, 127
Aus: Jean-Luc Godard, München–Wien, 1979: 91
J. F. Arranda, Madrid: 34
Uni-Bild, München: 129
Professor Dr. Walter Brecht: 97